百花诗文图鉴

BAIHUASHIWEN TUJIAN

徐振邦◎编著

华语教学出版社
北京

图书在版编目（CIP）数据

百花诗文图鉴 / 徐振邦编著. — 北京：华语教学出版社, 2018.6

ISBN 978-7-5138-1528-4

Ⅰ. ①百… Ⅱ. ①徐… Ⅲ. ①花卉–基本知识②古典诗歌–诗歌欣赏–中国 Ⅳ. ①S68②I207.2

中国版本图书馆CIP数据核字(2018)第082028号

百花诗文图鉴

出 版 人 王君校
编　　著 徐振邦
责任编辑 张　敏
出　　版 华语教学出版社
社　　址 北京百万庄大街24号
邮政编码 100037
发行部电话 010–68995871　010–68326333（传真）
编辑部热线 010–68421318
网　　址 www.sinolingua.com.cn
电子邮箱 fxb@sinolingua.com.cn
印　　刷 北京天宇星印刷厂
经　　销 全国新华书店
开　　本 32开（787 × 1092）
印　　张 13.25
字　　数 500（千）
版　　次 2018年 7月第1版第1次印刷
书　　号 ISBN 978-7-5138-1528-4
定　　价 39.80元

前言

一九九五年冬，被某房地产开发公司从复兴门内拆迁到三环外的丰台区前泥洼小区。第二年春天发现，楼后有一片空地，我便清除建筑废料，捡石头，平地，安篱笆，整理一小片花园，开始种花。近二十年，花越种越多。木本的、草本的，一年生的、多年生的，从三月末到十一月，各种花卉次第开放，争奇斗艳，确实悦目怡情。

迎春、连翘、杏、碧桃、紫荆、丁香、紫薇、花木兰等都是木本的。草本的有：二月兰、紫花地丁（野生）、鸢尾、桔梗、百合、萱草、丹参、沙参、牡丹、芍药、长春、景天、龙船花、大花秋葵、大熟季花、玉簪、秋菊等都是多年生的；鸡冠花、茑萝是一年生的；高棵西番莲、矮棵西番莲、美人蕉都是宿根的。

二〇〇〇年退休后，继续编尚未完成的《联绵词大词典》，除编书就是莳花，翻地，播籽，间苗，移栽，浇水，施肥，除草，乐不可支。偶然发现：面对勾萌钻出地面、新芽萌生、骨朵绽放、鲜花盛开，有关的诗背诵不出几首，只说好呀！美呀！有点俗气，很是遗憾。于是将《全唐诗》里以花为题的诗全抄出来，费了点劲。后来，什么花开了，便背诵有关的诗，很是惬意。

大学时的同窗学友迟乃义送我一套《名人书画唐诗》《名家书画宋词》《名家诗画元曲》，爱不释手。对照诗词曲去欣赏书法绘画，书法怎样表达诗的意境？绘画怎样体现诗的情趣？反复参照着看，发现诗、书、画三者互相表达，对诗的理解就更深入了。办法十分可贵。于是我想，把每种花配上诗、画，不有异曲同工之妙？于是，便开始确定百种花卉。唐诗中所咏的花不够百种，遍查各代的诗，足成百数。参考《植物志》，按其开花结果的先后，约略排列顺序。叙写每种花、叶、果的形态、异名。诗中稍难的词句加以注释，诗人给予介绍。一个小小的心愿终于实现了。

有诗云：有文无花不精神，有花无诗俗了人。如今文有花又有，诗咏恰添十分春。

目录

梅　花

梅树为落叶乔木，高 4 ~ 10 米，树皮灰色或稍带绿色；嫩枝绿色，光滑。叶狭卵形至宽卵圆形，长 4 ~ 8 厘米，宽 2 ~ 4 厘米，先端长，渐尖，基部宽楔形，边缘具细锯齿。叶柄长约 1 厘米。花径 2 ~ 2.5 厘米，五瓣，白色至淡红色，有清香气。

果有核，近球形，有一纵沟如李子。直径 2 ~ 3 厘米，黄色或淡绿色，味酸，称梅子，古人用以调味。南方在冬末至早春开花。

山园小梅二首之一

宋 · 林逋

众芳摇落独暄妍[①]，占尽风情向小园。疏影横斜水清浅，暗香浮动月黄昏。霜禽欲下先偷眼[②]，粉蝶如知合断魂[③]。幸有微吟可相狎[④]，不须檀板共金尊[⑤]。

释义

①暄妍：鲜明而美丽。②霜禽：白色的鸟，如白鹤、白鹭等。③合：应当。断魂：极其神往。④狎：亲近。⑤檀板：檀木制成的拍板。歌者所用。金尊：豪华的酒杯。

作者简介

林逋（967—1028）：字君复，宋代钱塘（今浙江杭州市）人。少失父，刻苦学习，立志不做官，隐居西湖孤山，不娶妻，无子，居所多栽梅树，畜鹤为伴，人称“梅妻鹤子”。宋真宗闻其名，曾赐粟帛。死后宋仁宗御赐“和靖先生”。

水仙花

中国水仙花为石蒜科鳞茎花卉。有球状的鳞茎，大鳞茎两侧常常生有数个小鳞茎。叶片扁平带状，叶宽 1.5 ~ 5 厘米，长 30 ~ 90 厘米，每芽有叶 4 ~ 9 片。花莛从叶丛中抽出，每球一般抽莛 1 ~ 7 支，多者可达 10 支以上。伞形花序，有花 5 ~ 7 朵，多者可达 10 余朵。

花瓣白色，6 瓣，开放时平展如盘，中间又有黄色花冠，浅杯状。有香气。中国水仙在 2 月开花，正是春节前后。

谢到水仙二本[①]

宋 · 韩维

黄中秀外干虚通，乃喜佳名近帝聪[②]。密叶暗传深夜露，残花犹及早春风。拒霜已失芙蓉艳，出水难留菡萏红[③]。多谢使君怜寂寞[④]，许教绰约伴仙翁[⑤]。

释义

①二本：两株。②帝：天帝。③菡萏：荷花骨朵。④使君：尊称奉朝命出使的人，即地方官。⑤绰约：窈窕，苗条。此指水仙花仙子。

作者简介

韩维（1017—1098）：北宋雍丘（今河南杞县）人。字持国。以荫入仕。英宗朝累除知制诰（多次拜受负责起草诏书的官）。神宗继位，为翰林学士，加承旨。元祐初，拜门下侍郎。时值王安石变法，号称为国敛财，下级官吏借此贪敛无度，韩维痛论青苗法之害，被王安石列为“元祐党人”，谪贬均州（今湖北均县），元符初（1098）王安石去职，韩维官复原职，卒。著有《南阳集》。

兰　花

中国栽培兰花约有两千多年的历史。据载早在春秋末期，越王勾践已在浙江的诸山种兰。古代人们主要以采集野生兰花为主，只有宫廷才栽培兰花。直至唐代，兰花的栽培才发展为庭院和花农培植。由于人们过分喜爱，精心培护，至今我国已有兰花二十余种了。北方温室栽培品种较少，如春兰、蕙兰、虎头兰、建兰、垂兰、墨兰等。

春兰，多年生地生草本。根状茎短，丛生。叶4 ~ 6枚丛生，狭带

形，长 20 ~ 40 厘米，宽 0.6~1 厘米，叶缘具细锯齿，基部残留少量干枯的叶鞘，成黄褐色纤维。花莛直立，比叶短得多，花单朵，浅黄绿色，通常在萼片及花瓣上有紫褐色的条纹或斑块。花期 1—3 月。

春兰中，按其花瓣形状又可分为：梅瓣类有宋梅、西神梅、方字梅等十七种；水仙瓣类有龙字、翠一品、蔡仙素等六种；荷瓣类有郑同荷、绿云、张荷素等六种。花瓣、萼片全为淡绿或黄绿，无其他色斑、条纹的称“素心”，各种瓣型中均有素心品种。

蕙兰，又称九子兰、九节兰、夏兰、

一茎九花。假鳞茎不明显。叶片 5 ~ 7 枚，长 25 ~ 80 厘米，宽 0.6 ~ 1.4 厘米，直立性强，基部对褶，横切面呈 V 形，边缘有较粗锯齿。花莛直立，高 30 ~ 80 厘米，有花 6 ~ 12 朵，花浅黄绿色，上面有紫红色斑点，芳香，花期 3—5 月。

蕙兰在传统上通常按花茎和鞘的颜色分成赤壳、绿壳、赤绿壳、白绿壳等。在花形上也分成梅瓣、荷瓣、水仙瓣和“素心”。常见的品种有极品、庆华梅、解佩梅、上海梅等等。

建兰，叶片 2 ~ 6 枚，长 30 ~ 50 厘米，花莛高 25 ~ 35 厘米，花 5 ~ 9 朵，花浅黄绿色，有紫红色斑点，芳香，花期 7—10 月。

墨兰，叶片 4 ~ 5 枚，叶片剑形，长 60 ~ 80 厘米，花莛粗壮，常高过片面，有花 7 ~ 18 朵，通常花色较深，黄褐色至紫褐色，故称墨兰。花期 1—3 月。

兰花萼片三枚，花瓣三枚、蕊柱一枚。萼片已花瓣化了。有一片花瓣称为唇瓣，是花中最美的花瓣。唇瓣本来是兰花最上面的花瓣，但由于花莛、子房的极复杂的旋转，使花扭转了 180°，因而唇瓣成了花朵最下面的一片花瓣。唇瓣短圆宽大、端正为上品，淡绿、白色为好，如刘海舌（唇瓣的一种），形状圆正规整，顶部微向上起并起微兜。

兰花的香贵在幽玄、温和、纯正而无异味，异味太强则不佳，若兰花不香则不可取。

兰花的叶也大有欣赏价值。

兰花是淡雅、美丽又带有神秘色彩的植物，我国古代常以君子、雅士、幽人来称颂兰花。

兰

唐·无可

兰色结春光[①]，氛氲掩众芳[②]。过门阶露叶，寻泽径连香。畹静风吹乱[③]，亭秋雨引长[④]。灵均曾采撷[⑤]，纫佩挂荷裳[⑥]。

释义

①结春光：兰花是二、三月份冬春之交的花卉，故而说是结识了春光。②氛氲：香气浓郁。③畹（wǎn）：《楚辞·离骚》："余既滋兰之九畹兮，又树蕙之百亩。"王逸注："十二亩为畹。"按：《离骚》中兰、蕙是两种不同的兰科植物，有香气，可用来杀虫、辟邪、沐浴，和现今所说的兰花不同。④亭秋雨引长：当秋雨水多而叶长。⑤灵均：屈原的字。⑥纫佩挂荷裳：用兰草的叶捻成细绳，串上玉佩系在荷制的衣裙上。《离骚》："纫秋兰以为佩。"

作者简介

无可：中唐范阳（今北京一带）人，俗姓贾，诗人贾岛堂弟，出家为僧，居天仙寺。其诗亦与堂兄贾岛齐名，有诗集二卷。

豆 蔻

多年生草本。高丈许，叶大，如美人蕉、山姜，叶无柄抱茎，亦如美人蕉。花莛生于茎下。较矮，穗状花序圆柱形，苞片卵状长圆形，花冠白色或稍带淡黄；唇瓣椭圆形，稍凹入，淡黄色，中脉有紫边的橘红色带。未开之时，骨朵微红，

苞片渐开，花渐出，色渐淡。南人多采其尚未大开的骨朵腌制而食。以其形如怀孕之身，故称为含胎花。种子入药。

赠别二首之一

唐 · 杜牧

娉娉袅袅十三余[①]，豆蔻梢头二月初。春风十里扬州路[②]，卷上珠帘总不如。

释义

图文本《唐诗三百首》赵昌平先生赏析绝妙，未打招呼，移录如此。

本诗作于大和九年（835）去扬州时，或谓所赠即名妓张好好。牧之有《张好好》诗，序言好好年正十三。此诗妙在用比喻而融浑无间。“豆蔻梢头二月初”，既承上喻十三少女，又下启“春风十里”，愈见花之芬芳，人之妙绝。逼出末句谓十里路上珠帘卷处，无数佳丽，总不如伊人。即《诗·绿衣》“有女如云，匪我思存”遗意。

①娉娉（pīngpīng）袅袅：身段柔美苗条。②扬州：在江苏省。隋唐明清各代皆出美女名妓。

作者简介

杜牧（803—853）：字牧之，京兆万年（今陕西西安）人。曾做过黄州、池州、睦州、湖州等刺史，又做过中书舍人。杜牧诗赋古文都极有名，诗的成就最高，晚唐时与李商隐齐名，人称“小李杜”。有《樊川文集》。

杨 梅

常绿小乔木。树皮幼时平滑，老后灰褐色，纵向浅裂。叶互生，枝顶较为稠密，叶片倒披针形或倒卵状披针形，长 6 ~ 13 厘米，宽 1.5 ~ 4 厘米，先端或稍尖，基部楔形，全缘或上部钝齿，叶背灰绿色，有金黄色腺点，叶柄长 0.3 ~ 1 厘米，穗状花序腋生，花单性，雌雄同株或异株，雄花序圆柱形，单生或数条丛生，雄花无花被；雌花序卵状长圆形，亦无花被。核果球形，直径 1.5 ~ 2.5

厘米，外果皮熟时紫红色或白色，由多数囊状体密生而成，肉质，味酸甜。花期 4 月，果期 6—7 月。

六峰项里看采杨梅，连日留山中

宋 · 陆游

绿阴翳翳连山市[1]，丹实累累照路隅。未爱满盘堆火齐[2]，先惊探颔得骊珠[3]。斜簪宝髻看游舫[4]，细织筠笼入上都[5]。醉里自矜豪气在，欲乘风露摘千株。

释义

①翳翳（yìyì）：草木茂密成荫的样子。②火齐：火齐珠，天然的宝珠。此处比喻杨梅。③骊珠：宝珠，相传出自骊龙颔下。《庄子·列御寇》：“夫千金之珠，必在九重之渊，而骊龙颔下。”此处比喻杨梅。④“斜簪”

句：游舫上的人将杨梅花枝插在发髻上。⑤筠（yún）笼：竹篓。上都：京都。

作者简介

陆游（1125—1210）：南宋大诗人，字务观，号放翁，山阴（今浙江绍兴）人。生当北宋灭亡之际，绍兴中应礼部试，表示不能向金国求和，被奸臣秦桧（huì）所黜。孝宗继位，赐进士出身，曾任镇江、隆兴通判。乾道五年（1169）任夔州通判。乾道七年（1171），入四川宣抚使王炎幕府，投身军旅生活。后官至宝章阁待制。一生创作诗歌很多，今存九千多首，有许多诗表现出渴望恢复国家统一的强烈感情。有《剑南诗稿》《渭南文集》《南唐书》《老学庵笔记》等。

山茶花

山茶，常绿灌木或小乔木。叶互生，革质，有光泽，卵形或椭圆形，长 2 ~ 10 厘米，宽 3 ~ 5 厘米，先端渐尖，基部阔楔形，边缘有小锯齿。花大，单生于小枝顶端，红色，白色，或淡红色，花瓣五枚或重瓣。蒴果球形，直径 4 ~ 5 厘米。花期 1—4 月。花可入药，籽可榨油。

山茶花

唐·贯休

风裁日染开仙囿，百花色死猩血谬[1]。今朝一朵堕阶前，应有看人怨孙秀[2]。

释义

①猩血：比喻鲜红色。②孙秀：西晋后期，石崇曾为南中郎将，荆州刺史，劫夺客商，成了富豪，在今河南洛阳市东北建金谷园别墅，储声伎，会亲朋。歌舞伎绿珠，美而艳，工笛。当时朝中的中书令孙秀指名要绿

珠，石崇不给。石崇原与潘岳、贾谧相友善，至贾谧被罢官，石崇与淮南王密谋诛杀司马伦，事泄，被捕，石崇谓绿珠："我今为尔得罪。"绿珠闻知，在金谷园坠楼而死。后石崇被杀。

作者简介

贯休（832—912）：字德隐，浙江兰溪县（即今兰溪）人，七岁出家为僧，经义既精，诗亦奇险，兼工书画。初为吴越王钱镠所重，后入蜀，为蜀王王建礼遇，赐号禅月大师，人们呼之为"得得来和尚"，有诗传世。

杏 花

杏，落叶乔木，高可达6米。叶互生，圆卵形或卵圆形，长5～10厘米，宽3.5～6厘米，先端短尖或渐尖，基部圆形，边缘具细锯齿或不明显的重锯齿，叶柄多带红色。花单生，先叶开放，几无花梗，花5瓣，白色或粉红色。核果近圆形，生青熟黄，果肉酸甜，果仁入药。花期3—5月，开10天左右，在桃花前，果期5—6月。

杏花

唐·温庭筠

红花初绽雪花繁，重叠高低满小园。正见盛时犹怅望[1]，岂堪开处已缤翻[2]。情为世累诗千首，醉是吾乡酒一樽。杳杳艳歌春日午[3]，出墙何处隔朱门？

释义

①怅望：怅惘；惆怅。②缤翻：缤纷，纷纷飘落的样子。③杳杳：渺渺，不甚清晰的样子。

作者简介

温庭筠（yún）（813？—870？）：字飞卿，原名岐。太原祁（今山西祁县）人。年轻时，才思敏悟，每入试，押官韵作赋，于八叉手之间便写成，故有“温八叉”之号，但行为放荡佻做，出入歌楼妓馆，“能逐弦吹之音，为侧艳之词”。又得罪权贵，其终生未中进士或与此有关。常为人代笔，以笔为货。曾两为县尉，终于国子助教。在晚唐，与李商隐齐名，时称“温李”。其诗为晚唐华艳诗风的代表，又是晚唐词作最多的词人。有《温飞卿集》。

含笑花

常绿灌木。树皮灰褐色，分枝密。芽、嫩叶、花梗上有黄褐色短柔毛。叶革质，长椭圆形或倒卵状椭圆形，长 4 ~ 10 厘米，先端渐尖或尾尖，基部楔形，上面无毛，下面沿中脉有柔毛。叶柄长 0.2 ~ 0.4 厘米，托叶痕延伸至叶柄顶端。

花单生于叶腋，直径约 12 毫米，有芳香，花瓣 6 片，淡黄色，边缘带红色或紫褐色，长椭圆形，长 1.2 ~ 2 厘米，宽 0.6 ~ 1.1 厘米。聚合蓇葖果，卵球形或球形，先端有喙。花期 3—5 月。

含笑花

金·施宜生

百步清香透玉肌，满堂皓齿转明眉。搴帷跛客相近处①，射雉春风得意时②。

释义

①跛（bǒ）客：瘸腿客人。②射雉：古代一种游戏。将雉钱（制钱，即铜钱）挂在一处，用细棍射之，穿孔者为胜。此句指赏花娱乐。

作者简介

施宜生（？—1160）：字明望，号三住老人。原名逵，字必达，邵武（今属福建）人。北宋政和四年（1114）进士，宣和末，尝随范汝为入军，战败，被金兵所执，杀金兵，逃亡，入寺为僧，隐姓埋名，后去金国，深得金主宠信，累官至翰林侍讲学士。正隆四年（1159）冬，使宋，因泄金兵南侵机密，使还被杀。

瑞香花

瑞香，常绿直立灌木，株高可达2米，树干光滑。叶椭圆状长圆形，长5～8厘米，宽1.5～2厘米，近革质，有光泽。花紫色或白色，有香气，径约1.5厘米，光滑，集成顶生具总梗的头状花序，花盘环状。核果，卵状，生青熟红。花期3—5月。

刁景纯赏瑞香花，忆先朝侍宴，次韵

宋·苏轼

上苑夭桃自作行[①]，刘郎去后几回芳[②]？厌从年少追新赏，闲对宫花识旧香[③]。欲赠佳人非泛洧[④]，好纫幽佩吊沉湘[⑤]。鹤林神女无消息，为问何年返帝乡[⑥]？

释义

①上苑：皇家的园林。夭桃：《诗经·周南·桃夭》：“桃之夭夭，灼灼其华。”后以“夭桃”称艳丽的桃花。②刘郎：唐代诗人刘禹锡，曾协助王叔文力革

弊政，著名的“八司马”之一。失败后，被加贬朗州司马，迁连州刺史，一去十年。德宗贞元初被召回，因写《元和十一年自朗州召至京戏赠看花诸君子》讥讽在朝官员，再贬连州刺史。诗：“紫陌红尘拂面来，无人不道看花回。玄都观里桃千树，尽是刘郎去后栽。”③宫花：皇宫庭苑中的花卉。④“欲赠”句：《诗经·郑风·溱洧(zhēnwěi)》写郑国青年男女在溱河、洧河旁戏谑，“维士与女，伊其相谑，赠之以勺药”。此句说，想折瑞香赠佳人，但此处并非是《诗经》中洧水之滨，戏谑之处，无法相赠。⑤“好纫”句：将瑞香花编成佩饰，沉到湘江之中，祭吊屈原。《楚辞·离骚》：“户服艾以盈要（腰）兮，谓幽兰其不可佩。”又：屈原自投汨（mì）罗江而死。是洞庭湖一条支流。诗人在湘江祭吊亦可。⑥“鹤林”二句：鹤林寺的杜鹃花怎么没有了？是何年回到天上去的？鹤林：鹤林寺，在浙江润州（今江苏镇江市）。神女：清代王文诰集注《东坡诗》引《古今诗话》：“润州鹤林寺杜鹃花，相传唐贞观中，外国僧种之钵盂中，自天台携来。”

作者简介

苏轼（1037—1101）：字子瞻，号东坡居士，眉山（今四川）人。二十二岁中进士，与弟苏辙同在朝中为官，人们羡慕不已。时值王安石新党变法，苏轼却站在守旧派司马光一边。神宗继位，王安石得势，朝中无立足之地，于是外出，先后任杭州、密州、徐州等地方长官。元丰二年（1079）八月，因诗中讽刺鞭挞新法，揭露许多中下级官吏借行新法之机，肆无忌弹地鱼肉百姓，被逮入御使台狱，整整一百三十天。即“乌台诗案”。贬为黄州团练（地方军队）副使。守旧派上台，除授中书舍人、翰林学士知制诰（起草诏书）、礼部尚书等职，旋又出知杭、颍、扬、定等州。绍圣元年（1094）变法派将他定为“元祐党人”，永不调用。再贬至惠州（广东）、儋州（今海南岛），去贬所途中，侍妾琴操、夫人王氏先后病殁。仅有长子苏过、长子媳、孙子相伴。徽宗继位，被赦北归，病死常州，享年六十四岁。

苏轼是历史上杰出的文学家之一，在当时即负盛名。古文是唐宋八大家之一。诗有前四弟子黄庭坚、秦观等。词，在五代以来的靡靡之音的婉约派面前，开创了“大江东去”类的豪放旷逸的风格，后来即形成了豪放派。书法是宋代四大书家之首（即苏轼、黄庭坚、米芾（fú）、蔡襄（本是蔡京，因是卖国贼，后人换成蔡襄））。其墨竹亦很可观。其诗、词、文皆传于世。

樱　桃

落叶乔木，株高可达6米。叶卵圆形至椭圆状卵圆形，长5～12厘米，宽3～5厘米，先端渐尖，基部圆形，边缘具大小不等的重锯齿，叶柄长0.8～1.5厘米。花3～6朵，成总状花序，

花5瓣，白色，直径1.5～2.5厘米。核果，近球形，熟时红色。酸甜，可吃。花期3—4月，果期5—6月，古今入画。

二月十五日，樱桃盛开，自所居蹑屐吟玩，（简）竞名、王泽、章洋才

唐·温庭筠

晓觉笼烟重，春深染雪轻。静应留得蝶，繁欲不胜莺。影乱晨飙急[①]，香多夜雨晴。似将千万恨，西北为卿卿[②]。

释义

①飙（biāo）：疾风。②卿卿：爱称。南朝·宋·刘义庆《世说新语·惑溺》："王安丰妇常卿安丰，安丰曰：'妇人卿婿，于礼为不敬，后勿复尔。'妇曰：'亲卿爱卿，是以卿卿；我不卿卿，谁当卿卿？'遂恒听之。"

作者简介

温庭筠：见前。

茱萸

山茱萸，落叶小乔木或灌木，高4～10米。老枝黑褐色，嫩枝绿色。叶对生，卵形至长椭圆形，长5～10厘米，宽2.5～4.5厘米，先端渐尖，基部楔形，

上面疏生平贴毛，下面毛较密，侧脉6～7对，有叶柄，花先叶开放，伞形花序生于小枝顶端，花瓣4片，黄色；花盘环状，肉质。核果椭圆形，熟时深红色。花期3—4月，果期9—10月。花中医入药。

奉御札赋茱萸诗

南唐·徐铉

御札云："新酒初熟，偶与郑王诸公开尝于清宴堂庑之间，既览秋物，复瞩霜笺，因赋茱萸一题，以遣此时之兴。卿鸿才敏思，不可独醒，宜应急征，同赋前旨。"铉因进诗云：

万物庆西成①，茱萸独擅名。芳排红结小②，香透夹衣轻。宿露沾犹重，朝阳照更明。长和菊花酒，高宴奉西清③。

释义

①西成：秋成。秋方位在西。②红结：红果。③西清：指帝王宫内游宴之处。

作者简介

徐铉（916—991）：五代宋初文字学家。字鼎臣，扬州广陵（今江苏扬州）人。初仕南唐，后归宋，官至散骑常侍。与弟锴齐名，称“大徐”“小徐”。精通文字学。曾与句中正校订《说文解字》，新补十九字于正文中，又以经典相承及时俗通用而为《说文》所不载者402字附于正文后，世称“大徐本”。另有《徐公文集》。

款冬花

又称颗冻、菟奚。属菊科植物。多年生矮生草本。早春先出花莛，具绵毛，叶如鳞片互生。头状花序黄色。后生基生叶，多而大，阔心形，高于花莛。花蕾入药。因其初春生苗，2~3月开花，故得此名。东北一种，红花，叶如莲叶，基部心脏形。

款冬赞

晋·郭璞

吹万不同①，阳煦阴蒸②。款冬之生，擢颖坚冰③。物体所安，焉知涣凝④。

释义

①吹万不同：草木、崖石、冈峦孔窍千差万别，疾风吹来，发出各种不同声响。②阳煦阴蒸：阳气温和，阴气寒冷，都在孕育款冬。③擢颖坚冰：即使在坚冰之下的水中，到了季节，也抽出莛来。④涣凝：冰化了，还是水冻成冰。其实款冬就是这个习性。

作者简介

郭璞（276—324）：东晋文学家、训诂家。字景纯，河东闻喜（今属山西）人。博学，好古文奇字，又喜阴阳卜筮之术。东晋为著作佐郎，后王敦任为记室参军。王敦欲谋反，命他占卜，璞谓王敦必败，被王敦杀害。所著《游仙诗》《江赋》都很有名。所著《尔雅注》《尔雅音》《尔雅图》《尔雅图赞》集《尔雅》学之大成。《尔雅注》三卷刊入《十三经注疏》中。又有《方言注》《山海经注》《穆天子传注》等。

杜 若

又名杜蘅、杜葵、马蹄香、土细辛、土卤。多年生草本。根茎下部生有多数肉质黄白须根，有香气。叶长 7 ~ 15 厘米，叶宽心形至肾状心形，旧称马蹄形，宽 4 ~ 6.5 厘米，边缘及叶脉密被细柔毛。花单生于叶腋，花被筒钟状，顶端三裂，外面淡棕紫色，有黄色明显陷入的网纹，里面白色，网状隆起。花期 6—7 月，果期 8—10 月。

咏杜若

南朝·梁·沈约

生在穷绝地，岂与世相亲。
不顾逢采撷①，本欲芳幽人。

释义

①采撷（xié）：采摘。

作者简介

沈约（441—513）：字休文，吴兴武康（今浙江省德清县武康镇）人。历仕宋、齐二代，后助梁武帝登位，为尚书仆射（yè），封建昌县侯，官至尚书令。与周颙等创四声、八病说，要求作诗区别四声、避免语音上的八病，对古体诗向律诗的转变有一定积极作用。当时与谢朓、王融诸人，在诗歌创作上皆注重声律，时号“永明体”。撰有《宋书》。

迎春花

迎春花，落叶灌木，枝条细长，辐射状分披成拱形，小枝有棱角。叶对生，小叶 3 枚，卵形至长椭圆形。花 6 瓣，黄色，鲜艳，早春先叶开放，故名。花期 2—4 月，一般不结果。

玩迎春花开赠杨郎中

唐·白居易

金英翠萼带春寒，黄色花中有几般？凭君与向游人道：莫作蔓菁花眼看①。

释义

①蔓菁（mánjing）：又称芜菁，俗称大头菜。二年生草本。块根球形或扁球形，像圆萝卜，肉质，外皮白色或黄色，清脆，可拌凉菜。花鲜黄色，花果期在5—7月。此句说：不要把蔓菁花错看成迎春花。

作者简介

白居易（772—846）：字乐天，晚号香山居士、醉吟先生。祖籍太原（今属山西），后迁居下邽（guī，今陕西渭南），出生于郑州新郑县（今河南）。曾为翰林学士，左拾遗。元和十年（815）因上疏请求急捕刺杀宰相武元衡的凶手，为执政者所恶，贬江州司马，转忠州刺史。后被召回为主客郎中知制诰。又出任杭州、苏州刺史。又召回任太子宾客、太子少傅，分司东都，遂在洛阳宅中以诗酒自遣，与歌伎樊素、舞伎小蛮相逸乐。死后葬于洛阳的香山。至今洛阳龙门石窟对岸就是白居易墓。

他身经八朝，享年七十五岁，作诗近三千首，这在唐代诗人中都是罕见的。他曾提倡新乐府运动，与元稹齐名，时称“元白”。诗集为《白氏长庆集》。

紫荆花

紫荆，野生时为落叶乔木，经栽培后为落叶灌木状。树皮暗灰色，叶近圆形，长 6 ~ 15 厘米，宽 5 ~ 14 厘米，先端急尖或突尖，基部心形或圆形，全缘，叶柄长 3 ~ 5 厘米。花先于叶开放，5 ~ 10 朵簇生于老枝和主干上，主干上很多，紫红色，长 1.5 ~ 1.8 厘米，花梗细。荚果，线形，长 5 ~ 8 厘米，内有种子。花儿极其艳丽。花期在 4 月，果熟在 8—9 月。

见紫荆花

唐·韦应物

杂花纷已积，含芳独暮春。
还如故园树，忽忆故园人。

作者简介

韦应物（737—792？）：长安（今陕西西安市）人。他一生经历较为复杂。十五岁时即为玄宗侍卫，生活放浪，因遭人轻视，便折节读书。后任洛阳丞，军士中有倚恃宦官势力专横虐民者，曾被他捕得，治之以法。官终苏州刺史。德宗贞元七八年间卒于苏州，时已罢任。著有《韦苏州集》。

剪春罗

又名剪红罗、碎剪罗、雄黄花。多年生草本植物，石竹科。高尺余。叶对生，抱茎，卵状椭圆形。入夏开花，红黄色或朱砂色，五瓣，如剪裁，生长于我国中部。结果如大豆，内有细子，可入药。另有剪秋罗，花五瓣，极相似。

剪春罗

秋瑾

二月春风机杼劳，嫣红染就不胜娇[1]。而今花样多翻复，劝尔留心下剪刀。

释义

①“二月”二句：二月春风吹拂，就像织机的梭子一样劳碌。姹紫嫣红开遍，十分娇艳。

作者简介

秋瑾（1875—1907）：字璇卿，号竞雄，别署鉴湖女侠。浙江山阴（今绍兴）人。1904年赴日本留学，积极参加留日学生的革命活动，次年先后加入光复会和同盟会。1906年为反对日本取缔留学生而归国。1907年1月，在上海发刊《中国女报》，提倡女权，宣传革命。同年回绍兴主持大通学堂，联络金华、兰溪等地会党，组织光复军，与徐锡麟分头准备安徽、浙江两省起义。7月，徐锡麟刺杀恩铭，起义失败，清政府派军队包围大通学堂，她端坐办公室，大义凛然。被捕时，口吟“秋风秋雨愁煞人”绝命诗。秋瑾是近代著名革命家，工诗词，笔调雄健，感情奔放。有《秋瑾集》。

李 花

李子，别名玉皇李，落叶乔木，株高可达 10 米以上。枝条幼时灰绿色，后变成红褐色。叶片倒卵形至椭圆状倒卵形，长 5 ~ 10厘米，宽3 ~ 4 厘米，先端渐尖，基部楔形，边缘具圆钝重锯齿，叶柄长 1 ~ 1.5 厘米。花常 3 朵簇生，花5瓣，白色，直径约2厘米，花梗长1 ~ 1.5 厘米。核果，卵圆形或近圆形，直径 3 ~ 5 厘米，先端尖，基部凹陷，表面具纵沟，有光泽，外被蜡粉。因品种不同，果有绿色、黄色、浅红色和深红色的区别。花期 4 月，果期 7—8 月。

子直晋昌李花（得分字）①

唐·李商隐

吴馆何时熨？秦台几夜熏②？绡轻谁解卷③？香异自先闻。月里谁无姊④，云中亦有君⑤。樽前见飘荡，愁极客襟分。

释义

①晋昌：唐长安有晋昌坊。②前二句，是比喻花瓣薄得像熨出来的一样，花香得像几天几夜熏出来的一样。③“绡轻”句：花白如轻绡，但不能卷。④月姊：通常称嫦娥为月姊，但不是李花之姊。⑤云中君：指雷神李左车。李左车为秦末汉初人，何时被封为雷神无考。与李花同姓。

作者简介

李商隐（813—858）：字义山，号玉谿生，怀州河内（今河南沁阳）人。文宗开成二年（837）登进士第。后因牛李党争受冷落，奔走四川、岭南、湘中、徐州等地，以幕僚寄人篱下，又身多疾病，益加抑郁，后还郑州闲居，卒。其诗在晚唐与杜牧齐名，人称“小李杜”。有《李义山诗集》。

梨 花

梨，乔木，株高6～10米，小枝紫褐色。叶卵形或椭圆状卵形，长5～12厘米，宽3.5～8厘米，先端短渐尖或具长尾尖，基部圆形，边缘有尖锯齿，齿尖有长芒刺，微向内侧靠拢，叶柄长2.5～7厘米。伞形总花序，花7～10朵簇生，花5瓣，白色。果实卵形或近球形，大小随品种不同而有很大差异，熟时黄色，有细密斑点。果梗肥壮。花期4月，果期8—9月。梨的品种极多。白梨中有鸭梨、雪花梨、秋白梨、红霄梨等。秋子梨中有京白梨、鸭广梨、沙果梨、酸梨、香水梨等。

江岸梨花

唐 · 白居易

梨花有思缘和叶，一树江头恼杀君。最似孀闺少年妇①，白妆素袖碧纱裙。

释义

①孀闺：寡妇。

作者简介

白居易：见前。

丁香花

紫丁香，落叶灌木。株高 2 ~ 4 米，幼枝粗壮无毛。单叶，对生，有柄，阔卵形或肾形，先端渐尖，基部心脏形，宽大于长，宽 4 ~ 10 厘米，叶柄长 1 ~ 2 厘米。

疏散圆锥花序，长 6 ~ 15 厘米，花冠紫色，高脚杯状，具长圆形花冠管，长 0.8~1.7 厘米，裂片呈直角开展，卵圆形、椭圆形至倒卵圆形。花香气浓郁。花期 4 月，果期 7—8 月。

我国有丁香 20 余种，北京 7 种 2 变种。如红丁香、细管丁香、毛叶丁香、花叶丁香、紫丁香、白丁香、黄白丁香等。

杜甫所咏为白丁香。

江头四咏·丁香

唐·杜甫

丁香体柔弱，乱结枝犹垫[1]。细叶带浮毛，疏花披素艳。深栽小斋后，庶近幽人占[2]。晚堕兰麝中，休怀粉身念。

释义

①结：丁香结，丁香的花蕾。孕蕾时，丁香的圆锥花序尚未展开而似一结。垫：下垂。②庶近幽人占：小斋遮蔽了俗人之目，近于雅士，此花之形色香，雅士独占了。

作者简介

杜甫（712—770）：字子美，祖籍襄阳(今属湖北)，出生巩县(今属河南)。开元二十三年(735)，自吴越漫游归来，赴东都洛阳参加进士考试，落第；后又赴长安应征召，又落第，终身未成进士。安史乱起，恰在洛阳，被安禄山控制，无法离开，写下“国破山河在，城春草木深”这样的名句。后逃离洛阳，辗转兵间，到了灵武，肃宗授以左拾遗官职。后因营救房琯得罪了肃宗，不久经秦州入蜀至成都，依附节度使严武，建一所草堂，住有一年多。代宗大历三年(768)，携家出峡，打算到湖南郴（chēn）州去依靠舅舅崔沛，不料途中被洪水所阻，风痹加剧，病倒船中，不久死去。杜甫被后人称作“诗圣”。著有《杜工部集》。

木兰花

木兰，又称玉兰，落叶乔木，株高2～5米。小枝淡灰褐色或灰黄色，嫩枝有柔毛。入冬前长出花苞，密生灰绿色或灰黄色绒毛，长圆有尖，像毛笔头，所以又称木笔。叶很大，倒卵形至倒卵状长圆形，长8～18厘米，宽6～10厘米，先端突尖，基部楔形或宽楔形，全缘，上面绿色有光泽，下面淡绿色。叶柄长2～2.5厘米，托叶膜质，脱落后小枝上留有一环状托叶痕。花大，单生于小枝顶端，先

叶开放，花白色，心中有红晕或紫红色，有芳香，花径12～15厘米，花被9片，萼片与花瓣无明显区别，花被片倒卵状长圆形，长6～8厘米，宽2～4厘米。

果圆柱形，长8～12厘米。花期4月，果期8—9月。是高档的观赏花卉，花瓣可食。

题灵祐上人法华寺木兰花

唐·刘长卿

序：其树岭南移植此地。

庭种南中树，年华几度新[①]？已依初地长，独发旧园春。映日成华盖[②]，摇风散锦茵[③]。色空荣落处，香醉往来人[④]。菡萏千灯遍[⑤]，芳菲一雨均。高柯倘为楫，渡海有良因。[⑥]

释义

①华（huā）：同花。②华盖：帝王或贵官车上的伞盖。此处用伞盖比喻树冠圆。③散锦茵：比喻花瓣飘落。

④“色空”两句：花瓣落光，树上已无花的白色或紫红色。即使花落，香气依然浓烈，往来之人，嗅到香气，可能要醉。⑤菡萏千灯遍：花苞未放，已露出紫红色，一枝一枝，就是灯的火焰。⑥“高柯”二句：海上有蓬莱仙岛。木兰枝干作船辑，便可渡海到蓬莱。

作者简介

刘长卿：生卒年无考。字文房，河间（今属河北）人。天宝进士，曾任转运使判官等。因刚而犯上，两度迁谪，终随州刺史。《新唐书》《旧唐中》均无传，只《新唐书·艺文志》中略有记载，其诗驰名于上元、宝应间。

辛夷花

辛夷，又称紫玉兰、木笔。与玉兰同科同属。落叶灌木，株高5米，常丛生。小枝紫褐色。冬前长出的花蕾卵状椭圆形，有柔毛。叶倒卵形或倒卵状长圆形，长8～20厘米，宽4～12厘米，先端急尖或渐尖，基部楔形，全缘，叶上面深绿色，疏生柔毛，

下面淡绿色。托叶膜质，脱落后小枝上留一环状托叶痕。花单生枝顶，先叶开放，或与叶同时开放，花钟形，直径约10厘米，花被9片，萼

片 3，花 6 瓣，外面紫色或紫红色，倒卵状长圆形，长 8 ~ 10 厘米，先端急尖。果圆柱形，长 7 ~ 10 厘米。花期 4 月中旬，果期 5—7 月。

扬州看辛夷花

唐·皮日休

腊前千朵亚芳丛，细腻偏胜素柰功①。螓首不言披晓雪②，麝脐无主任春风。一枝拂地成瑶圃③，数树参庭是蕊宫④。应为当时天女服，至今犹未放全红。

释义

①素柰：开白花的林檎，也称沙果。②螓（qín）首：比喻女子美丽方广如螓的额。形容女子貌美。螓，蝉的一种，较小，色绿，方头广额，身有彩纹。③瑶圃：产玉的园圃，指仙境。④蕊宫：蕊珠宫。道教经典中所说仙宫。

作者简介

皮日休（约834—约883）：字逸少，后改袭美，襄阳人。早年住鹿门山，自号鹿门子、间气布衣等。咸通进士，曾任太常博士。后退隐，与陆龟蒙诗歌唱和最多，时人称为“皮陆”。后被黄巢起义军所劫以从军，任翰林学士。不知所终。有《皮子文薮》。

菜　花

菜花，今指油菜花。1~2年生草本。株高30～75厘米。基生叶倒卵形，长20～30厘米，深绿色，有光泽，先端圆形，基部渐狭成宽柄，叶柄长10厘米，宽而扁，肥厚；茎生叶宽卵形或披针形，长3～7厘米，宽1～3.5厘米，基部抱茎，宽展，两侧有垂耳。总状花序，顶生及叶生。花黄色，直径1.3～1.5厘米，萼片黄绿色，花瓣倒卵形，长0.8～1厘米，具短爪。长角果，线形。花期4

月，果熟 5—6 月。

南方各省均大面积种植，可榨菜籽油，是极重要的农作物，又是蜜源。菜花蜜是二级蜜。北京只吃叶，叫小油菜。

菜花

清·赵翼

始信东风气力深，尽将原野作芳林。庄严老圃三春菊[①]，富贵田家满地金[②]。正色遥分昙佛面[③]，浓香不上少女簪。前刘纵失桃花约，差免空来紫陌寻[④]。

释义

①老圃：老农，菜农。三春菊：将三春的黄色的菜花比作九月的菊花。三春：春天的第三个月，即公历4月。②满地金：比喻菜花金黄。③昙佛：佛瞿昙，其塑像以

金涂面。④“前刘”二句：刘禹锡，唐代顺宗、宪宗时人。曾参与王叔文革新运动，后王叔文失败，刘禹锡被贬为朗州（今湖南常德）司马，即“八司马”之一。十年后，朝廷物是人非，他被召回，作《元和十一年自朗州召至京戏赠看花诸君子》以喻讥讽。诗是“紫陌红尘拂面来，无人不道看花回。玄都观里桃千树，尽是刘郎去后栽。”诗喻朝中官员，尽是他被贬后上来的。“世无英雄，遂使竖子成名”的一种慨叹。诗传出后，皆认为他牢骚满腹，朝中无法用他，又贬连州刺史，十四年后召回，为主客郎中，又作《再游玄都观》：“百亩庭中半是苔，桃花净尽菜花开。种桃道士归何处，前度刘郎今又来。”以诗丑诋权贵，由于贤相裴度极力保荐，刘禹锡才被授予礼部郎中、集贤院直学士。

作者简介

赵翼（1727—1814）：清代史学家、文学家。字云崧，一字耘松，号瓯北，江苏阳湖（今武进）人。乾隆进士。官至贵西兵备道。不久辞官家居，主讲安定书院，专心著述。他长于史学，考据精赅。论诗主张“独创”，力反模拟。所作五、七言诗中，有些作品嘲讽理学，隐喻对时政的不满之情。著有《廿二史札记》《陔馀丛考》《瓯北诗钞》《瓯北诗话》等。

木瓜花

木瓜，落叶灌木或小乔木。嫩枝有短绒毛。单数羽状复叶互生，狭椭圆形或披针形，下面密生星状柔毛。圆锥花序，萼 6 片，花 5 瓣，白色，长 1.7 厘米，

基部红色或黄色，花盘裂片有角状附属体。果实长椭圆形，长 10 ~ 15 厘米，色黄而香，味酸涩，经煮熟或蜜渍后供食用。《诗经 · 卫风 · 木瓜》中有“投我以木瓜，报之以琼琚”句。花期 4 月，果期 9—10 月。

看山木瓜花二首

唐·刘言史

裛露凝氛紫艳新[1]，千般婉娜不胜春。年年此树花开日，出尽丹阳郭里人。

柔枝湿艳亚朱栏，暂作庭芳便欲残。深藏数片将归去，红缕金针绣取看。

释义

①裛（yì）露：露水凝聚。

作者简介

刘言史：中唐邯郸（今属河北）人。与李贺同时，歌诗美丽诙谐，除李贺外，他人不能比，亦与孟郊友善。初客镇冀，王武俊上奏枣强令，因疾不受，人因称为刘枣强。后客汉南，李夷简令为司空掾，卒。有诗6卷。

素馨花

素馨，木犀科。本称耶悉茗，佛经作“鬘华”。原产印度，后移植于我国南方地区。常绿直立亚灌木，茎高三四尺，枝条柔弱下垂，有棱。叶对生，羽状复叶，小叶 5 ~ 7 枚，总叶柄有翅。春季开花，合瓣花冠，五裂，白色，极富香气，聚伞花序顶生。今云南、广东等省有栽培。亦有黄花者。性不耐寒。

素馨

宋·方岳

雪骨冰肌合耐寒，怕害却不离家山。老夫怀土与渠等[1]，一镘移来得许顽[2]。

释义

①渠：你。②镢（jué）：镐头。

作者简介

方岳（1199—1262）：南宋祁门（今属安徽）人，字巨山，号秋崖。绍定进士，淳祐中为赵葵参议官，移知南康军，因杖打舟卒触犯荆帅贾似道，后知袁州，又独犯丁大全，罢官。著有《秋崖集》。

郁李花

棫（yù）李，今作郁李，又称欧李。别称山梅、小李子。落叶灌木，高1～1.5米，树皮灰褐色。叶互生，长圆形或椭圆状披针形，长2.5～5厘米，宽1～2厘米，先端尖，边缘有浅细锯齿。花与叶同时，单生或二朵并生，花5瓣，白色或粉红色。核果近球形，直径约1.5厘米，熟时鲜红色，味酸甜。花期4—5月，果期5—6月。

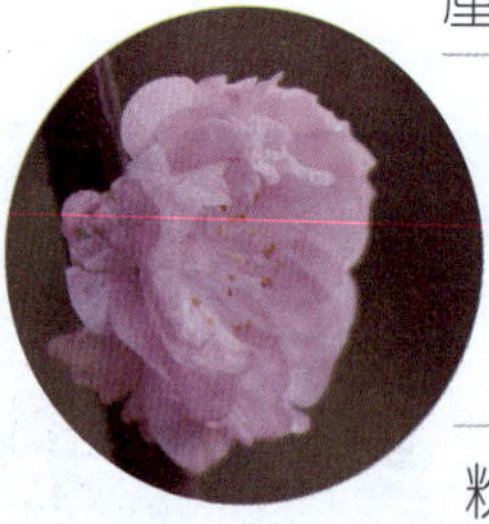

惜栯李花[1]

唐·白居易

题注：花细而繁[2]，色艳而暗，亦花中之有思者。速衰易落，故惜之耳。

树小花鲜妍，香繁条软弱。高低二三尺，重叠千万萼。朝艳蔼霏霏[3]，夕凋纷漠漠[4]。辞枝朱粉细[5]，覆地红绡薄。由来好颜色，常苦易销铄。不见莨荡花[6]，狂风吹不落。

释义

①棣李花：现作“郁李花”。②花细：花小。③蔼霏霏：皆指花朵浓密盛多。④纷漠漠：纷纷飘落的样子。⑤辞枝：从枝上掉下来。⑥莨菪（làng dàng）花：也作莨菪，似洋金花，一年生草本，花白色，长筒状，喇叭口，中医用作镇静剂。

作者简介

白居易：见前。

樱 花

落叶乔木，株高 17 米。叶卵圆形、倒卵形或椭圆形，长 5 ~ 9 厘米，宽 3 ~ 5 厘米，先端长渐尖，基部楔形，边缘具芒锯齿。总状花序，具花 3 ~ 4 朵，先叶开放，5 瓣，白色或粉红色，直径 2 ~ 3 厘米。核果，球形，黑色，直径不到 1 厘米。花期 4—5 月。

日本樱花品种极多，花色艳丽，为名贵的观赏树种。除单瓣与中国樱花相似外，又有深红色者，重瓣至八层如花球，开时烂漫满树，如云如

霞，如锦如荼。北京日坛公园、中山公园、玉渊潭公园皆有，有白、粉、红各色，有单瓣，有重瓣，大多是从日本引进的。

樱花歌（节选）

清 · 黄遵宪

鸲金宝鞍金盘陀[①]，螺钿漆盒携叵罗[②]。伞张胡蝶衣哆啰[③]，此呼奥姑彼檀那[④]。一花一树来婆娑[⑤]，坐者行者口吟哦。攀者折者手挼莏[6]，来者去者肩相摩[7]。墨江泼绿水微波[8]，万花掩映江之沱[9]。倾城看花奈花何！人人同唱《樱花歌》[10]。道旁老人三嗟咨[11]，菊花虽好不如葵[12]。即今游客多于鲫，未及将军全盛时。将军主政国尚武，源蹶平颠纷斗虎[13]。德川累世柔服人，渐变战场成乐土。将军好花兼好游，每岁看花载箫鼓。三百诸侯各质孥[14]，争费黄金教歌舞。千金万金营香巢[15]，花光照海影如潮。游侠聚作萃渊薮[16]，真仙亦迷脂夜妖[17]。合歌万叶写白纻[18]，缠头每树悬红绡[19]。七月张灯九月舞[20]，一年最好推花朝[21]。喷云吹雾花无数，一条锦绣游人路。明明楼阁倚空虚，玲珑忽见花千树。花开别县移花来，花落千丁载花去。十日之游举国狂，岁岁欢虞朝复暮[22]。承平以来二百年，不闻鼙鼓闻管弦[23]。呼作花王齐下拜，至夸神国尊如天。

释义

①鸧（cāng）金：嵌金；镶金。盘陀：鞍垫。②螺钿（diàn）漆盒：漆盒上用螺和各种贝壳镶嵌出人物、花鸟、树木等图案。叵罗：酒盅。③伞张胡蝶：即日本特有的蝙蝠伞，用青罗或绢制成，张开其翼如蝙蝠。日本女子出门，无论春夏晴雨，张伞以为饰。衣哆啰：衣用哆啰呢制，即宽幅的呢子。④奥姑：辽国每婚宴之礼，推受尊敬的女子坐于奥（角落），称奥姑。檀那（nà）：僧人称施主为檀那。此句奥姑用辽国语，檀那用梵语。⑤婆娑：跳舞。⑥挼（ruó）莎：搓手；用手搓。⑦肩相摩：《日本国志·礼俗志》："花时游人蚁集，自卯至酉，红尘四合。宫娥结伴，翠袖紫裙，浓抹淡妆，各捻花枝，以为笑乐。书塾女师，率童男女，分衣色为数队，咸戴剪花，使丫髻小女，击柝导行，来往游戏。旧藩华族，或携妇女，或挟娼妓，各披葵叶藤花衣，杏黄衫，白桑屐，携榼挈厨，逐队而行。又有古服儒者，腰佩瓢酒；高品僧官，身挂雨衣；时妆军士，手摇鞭杖；下至贱商小竖，

村婆街妇，亦高笠新屐，挈酒行歌，且歌且行。拥塞于道，鱼贯蜗旋，莫能展步。偶或高轩横驰，怒马直冲，辄倾跌让道。然车夫亦动色相戒，按辔徐驱，不敢驰骤。”⑧墨江：德川氏定都于江户，称江户时代，江户有墨江流入大海，江户段筑堤四五里，遍种樱花。⑨江之沱，江的支流。⑩《樱花歌》：歌词为：“樱花啊！樱花啊！暮春时节天将晓，霞光照眼花英笑。万里长空白云起，美丽芬芳任风飘。去看花，去看花，看花要趁早。”⑪嗟咨：叹气。⑫“菊花”句：菊是皇家徽志，葵叶是德川氏的徽志。全句意为现今不如德川氏全盛时。⑬源蹶平颠：源指江户时代之前的源义朝，平指平清盛。二人为争朝权而结仇，互相攻杀，先后皆败死。⑭“三百”句：德川氏盛时，诸侯凡260余国，各有封地，成了强干弱枝这种局面。又令诸侯在江户各筑邸第，让他们的妻子住在江户，每隔两年让诸侯来江户会见妻子，使诸侯在驻地恋家，又疲于道路奔波，致使无心发动战争。⑮香巢：

指豪华的住宅。⑯萃：聚集。渊薮：聚集之处。⑰脂夜妖：无确解。一解为花月之妖。⑱合歌：日本古代以歌配乐，谓之合歌。宫廷亦举行赛歌会，宫女廷臣分为两班赛歌，亦谓之合歌。今日本古典名著《万叶集》收古歌四千五百余首，大半是合歌。白纻：白纻舞有歌伴唱，亦是合歌。⑲缠头：唐代赏歌舞人以锦帛，放在头上，谓之缠头。此句说：游人爱樱花，以红绡相赏。⑳“七月”句：《日本国志·礼俗志》：“每岁例于三月栽花，七月放灯，八月陈舞，为三盛会。”又：“盂兰会前后，各楼张灯，或圆，或浑圆，或方，或长方，或角方，或勾，或弯，或弧，或三角，肖为鱼虫花草禽兽之形，各傅以色，又喜为胡蝶鸳鸯凤皇芍药莲藕红豆及一切并蒂之花，比翼之鸟。墙头檐额，虚悬倒挂，直竖横嵌，无所不有。入市则光明大放，城开不夜，蟆虾更尽，残烛犹光。远望则参差错落，若银花万点，与楼阁林园相辉映，宛如图画。”九月舞：六街为六队，扮各种人物游街取乐。文繁不录。㉑花朝：百花生日。一说在农历二月十二，一说在二月二，一说在二月十五。㉒欢虞：欢娱。㉓鼙鼓：特指战鼓。

作者简介

黄遵宪（1848—1905）：清末诗人。字公度，广东嘉应州（今梅州市）人。光绪举人，历任驻日、英使馆参赞及旧金山、新加坡总领事，后官湖南长宝盐法道、署按察使，参加戊戌变法，奉命出使日本，未行而政变起，罢归。有《人境庐诗草》《日本国志》等。

桃 花

桃，落叶乔木，株高4～8米，嫩枝有光泽。叶椭圆状披针形或长圆状披针形，长8～12厘米，宽3～4厘米，先端长渐尖，基部楔形，边缘有较密锯齿，叶柄长1～2厘米。花常单生，先叶开放，直径2.5～3.5厘米，花瓣粉红色，花期4—5月。核果，近球形或卵圆形，直径5～7厘米，表面被绒毛，腹缝极明显。

反生桃花发，因题

唐·温庭筠

疾眼逢春四壁空，夜来山雪破东风[1]。未知王母千年熟[2]，且共刘郎一笑同[3]。已落又开横晚翠，似无如有带朝红。僧虔蜡炬高三尺，莫惜连宵照露丛[4]。

释义

①“夜来”句：一夜春风，吹开了花蕾，满树桃花如同白雪。②“未知”句：《西游记》第五回：“一朝，王母娘娘设宴，大开宝阁，瑶池中做‘蟠桃胜会’。”《太平广记》卷三引《汉武内传》载：七月七日，西王

母降，给汉武帝四颗仙桃，武帝吃完桃，将桃核收藏起来，说是要种，王母说：“此桃三千年一生实，中夏地薄，种之不生。”③刘郎：唐代诗人刘禹锡有《元和十一年自朗州召至京戏赠看花诸君子》诗：“紫陌红尘拂面来，无人不道看花回。玄都观里桃千树，尽是刘郎去后栽。”④僧虔夜里举着蜡炬赏花一事，未查到出处。

作者简介

温庭筠：见前。

牡丹

灌木。肉质根。株高约2米，分枝短而粗。叶二回三出复叶，长20～25厘米；顶生小叶宽卵形，长7～8厘米，宽5.5～7厘米，3裂至中部，上面绿色；侧生小叶狭卵形或长圆状卵形，长4.5～6厘米，具不等的2～3浅裂或不裂，近无柄；叶柄长5～11厘米。花单生枝头，直径10～17厘米，花5瓣，但现今单瓣几乎没有了，皆为重瓣，有玫瑰色、红紫色、粉红色、黄色、白色。花瓣边缘有

波折。名贵品种有洛阳红、姚黄、魏紫等。

中国是牡丹的原产地，洛阳牡丹尤为著名。洛阳的牡丹园占地近二十亩，洛阳西郊解放军外语学院的牡丹园占地近五十亩。山东菏泽市的

牡丹还出口到国外，浙江的绍兴、四川的天彭、北京也都有牡丹。历来将牡丹当作花王，芍药为花后，可见人们对牡丹的喜爱胜过百花。

和李中丞慈恩寺清上人院牡丹花歌

唐·权德舆

澹荡韶光三月中[①]，牡丹偏自占春风。时过宝地寻香径，已见新花出故丛。曲水亭西杏园北[②]，浓芳深院红霞色。擢秀全胜珠树林，结根幸在青莲域[③]。艳蕊鲜房次第开，含烟洗露照苍苔。庞眉倚杖禅僧起，轻翅萦枝舞蝶来[④]。独坐南台时共美，闲行古刹情何已？花间一曲奏《阳春》[⑤]，应为芬芳比君子。

释义

①澹荡：和舒貌。韶光：美好的时光；春光。②曲水：曲江，曲江池，在西安南郊。至今为五星级公园。杏园：唐时在曲江北，今已无存。③青莲域：指寺院佛舍。④舞蝶来：暗写牡丹香气。⑤《阳春》：即《阳春》《白雪》，高雅的曲调。

作者简介

权德舆（759—818）：唐天水略阳（今甘肃秦安东北）人，字载之，以文章进身，由谏官累升至礼部尚书同平章事（宰相），参与朝政。后出镇兴元，不久，因病诏许回京，卒于途中。著有《权文公集》。

白牡丹

白牡丹

唐·王贞白

谷雨洗纤素，裁为白牡丹。异香开玉合，轻粉泥银盘。晓贮露华湿，宵倾月魄寒。家人淡妆罢，无语倚朱栏。

释义

诗用玉盒、银盘、圆月、美人相比，衬托出白牡丹之圆、香、色、润、美。

作者简介

王贞白：生卒年无考，字有道，唐末永丰（今江西广丰县南）人，乾宁二年（895）张贻宪榜进士。后七年，始授校书郎。尝与罗隐、方干、贯休同唱和。有《灵溪集》。

海棠花

海棠，乔木，株高可达 8 米。小枝幼时有短柔毛，逐渐脱落。枝老时红褐色。叶椭圆形至长椭圆形，长 5 ~ 8 厘米，宽 2 ~ 3 厘米，先端短渐尖或圆钝，基部宽楔形或近圆形，边缘有密锯齿，有的部分近全缘。叶柄长 1.5 ~ 2 厘米。花序近伞形，有花 4 ~ 6 朵，花梗长 1.5 ~ 2 厘米，花直径 3 ~ 4 厘米，花 5 瓣，白色，花蕾淡粉红色。果实近球形，直径 1 ~ 1.5 厘米，黄色，果梗细长。花期 4—5月，果期 7—8月。花叶同时开放，极为美丽淡雅。

海棠花

唐·刘兼

淡淡微红色不深，依依偏得似春心。烟轻虢国颦歌黛[①]，露重长门敛泪衿[②]。低傍绣帘人易折，密藏香蕊蝶难寻。良宵更有多情处，月下芬芳伴醉吟。

释义

①虢（guó）国：虢国夫人，唐杨贵妃三姐，嫁裴氏，封虢国夫人，得唐玄宗宠遇。杜甫有《虢国夫人》诗“却嫌脂粉涴颜色，淡扫蛾眉朝至尊”讽其自炫丽质。②长门：汉代的长门宫。汉武帝皇后陈阿娇骄横忌妒，汉武帝将

她幽禁在长门宫。后陈阿娇用黄金百斤请司马相如写赋，相如写了感人的《长门宫赋》，汉武帝看了很受感动，陈皇后重得亲幸。此句是说，海棠花上的露就像陈阿娇泪湿衣襟。

作者简介

刘兼：生卒年不详。长安人，曾官荣州（今四川荣县）刺史，后由五代入宋。有诗一卷。

白头翁

多年生草本。全株密被白色柔毛。根茎粗直，颈部常分枝。基生叶 4 ~ 5 枚，叶柄长 20 厘米，密被长柔毛。叶片宽卵形，长 4.5 ~ 14 厘米，宽 8.5 ~ 16 厘米，下面有柔毛，3 出复叶，中央小叶具短柄，宽卵形，长 4 ~ 6 厘米，基部楔形，3 深裂，裂片顶端具 2 ~ 3 圆齿；茎生小叶近无柄，倒卵形，2 ~ 3 深裂，小裂片全缘或先端具数个圆齿，表面近无毛，背面密被伏毛。花莛 1 ~ 2 个，高 15 ~ 35 厘米。总苞片 3，基部合生成筒，3 深裂，外面密被白色长柔毛。花梗长 2.5 ~ 5 厘米。花单生，萼片 6，花瓣状，蓝紫色，长圆状卵形，长 2.8 ~ 4.4 厘米，背面有密柔毛。宿存花柱羽毛状，长 3.5 ~ 6 厘米，花期 4—5 月，根入药。

见野草中有曰白头翁者

唐·李白

醉入田家去，行歌荒野中。如何青草里，亦有白头翁。折取对明镜，宛将衰鬓同。微芳似相诮，留恨向东风。

作者简介

李白（701—762）：字太白，号青莲居士。绵州昌隆（今四川江油）人。祖籍陇西成纪（今甘肃秦安县），出生于中亚碎叶城（前苏联吉尔吉斯境内，唐属安西都护府）。天宝元年（742），因友人吴筠之荐，召入长安，特授供奉翰林，后因侮弄宦官高力士，得罪宠妃杨玉环，遂被排斥，离开长安，漫游江湖。安史乱时，入肃宗弟永王李璘幕，永王被杀，牵连李白，先被囚于浔阳（今江西九江市）狱中，后责放夜郎（今贵州桐梓县），在巫山途中遇赦得释。最后病死于当涂（今属安徽），杜甫称他“斗酒诗百篇”。后人称之为“谪仙”“诗仙”。

地 黄

多年生草本。全株密被灰白色或淡褐色长柔毛及腺毛。茎单一或基部分生数枝，高15 ~ 30厘米，紫红色。叶通常基生，倒卵形至长椭圆形，长2 ~ 10厘米，宽1 ~ 6厘米，先端钝，基部渐狭成长叶柄，边缘具不整齐的钝齿，叶面有皱纹，上面绿色，下面通常淡紫色，被白色长柔毛及腺毛。总状花序顶生，密被腺毛，花梗长1 ~ 3厘米，花冠筒状而微弯，长3 ~ 4厘米，外面紫红色，里面黄色有紫斑，下部渐狭，顶部二唇形，上唇二裂反折，下唇三裂片直伸。根茎入药。花期4—6月，果期6—7月。

地黄

宋·苏轼

地黄饲老马，可使光鉴人。吾闻乐天语，喻马施之身[①]。我衰正伏枥[②]，垂耳气不振。移栽附沃壤，蕃茂争新春。沉水得稚根[③]，重汤养陈薪[④]。投以东阿清[⑤]，和以北海醇。崖蜜助甘冷[⑥]，山姜发芳辛。融为寒食饧，咽作瑞露珍[⑦]。丹田自宿火，渴肺还生津。愿饷内热子，一洗胸中尘。

释义

①“地黄饷老马”四句：地黄药用根茎。生地黄能清热、生津、润燥、凉血、止血，熟地黄能滋阴补肾、补血调经。乐天即白居易，有《采地黄者》诗：“与君啖肥马，可使照地光。”《抱朴子》载，韩子治用甘草、地黄喂50岁老马，生三驹，130岁才死。②伏枥：伏在马槽上吃草。③沉水：《本草》注称，生地黄浸入水中，浮者为天黄，半浮半沉者为人黄，沉者为地黄，最佳。④重汤：在鼎锅水中，用器皿盛水加地黄为熬煮。⑤东阿清：山东东阿产阿胶，用驴皮。驴有老幼之分，胶亦有清浊之别。⑥崖蜜：野蜂的蜜。⑦瑞露：酒名，酿于百花之中，甘香。以上八句，说用地黄、阿胶、酒、野蜂蜜、山姜和成复方，做成糖稀服用，味甘香。

作者简介

苏轼：见前。

石楠花

石楠，常绿灌木或小乔木，高可达10米，枝光滑，叶像枇杷，革质，长椭圆形、长倒卵形或倒卵状椭圆形，长8～22厘米，宽2.5～6.5厘米，基部宽楔形或圆形，边缘疏生细锯齿，叶柄长2～4厘米。复伞房花序多而密，花白色，直径0.6～0.8厘米，花瓣近圆形。梨果近球形，直径约0.5厘米，红色，后变黄褐色。花期4—5月，果期10月。叶有毒，入药。

石楠树

唐·胡玢

本自清江石上生[①]，移栽此处称闲情。青云士尽识珍木[②]，白屋人多唤俗名[③]。重布绿阴滋藓色，深藏好鸟引雏声。余今一日千回看，每度看来眼益明。

释义

①石上生：石楠野生者多在向阳石缝中。②青云士：亦作青云学士。指显宦。③白屋人：未出仕的人。

作者简介

胡玢：晚唐人，隐居庐山。李腾至江西察访贤才，知其人，派车马仪仗相请，不赴。存诗三首。

林　檎

林檎，又称来禽、沙果、花红。落叶小乔木，株高 4 ~ 6 米，嫩枝密被绒毛，老枝暗紫褐色。叶卵形或椭圆形，长 5 ~ 11 厘米，宽 4 ~ 5.5 厘米，先端急尖或渐尖，基部圆形或宽楔形，边缘有细锯齿，下面密被短柔毛；叶柄长 1.5~5 厘米。伞房花序，具 4 ~ 7 朵花，集生于小枝顶端；花梗长 1.5 ~ 2 厘米，密被绒毛。花直径 3 ~ 4 厘米，5 瓣，淡粉红色。

果实卵形或球形，直径 3 ~ 5 厘米，黄色或粉红色，果柄处及长花处微凹。因品种甚多，大小差异极大。花期 4—5 月，果期 8—9 月。

来禽花

宋·陈与义

来禽花高不受折，满意清明好时节。人间风日不贷春①，昨暮烟脂今日雪。舍东芜菁满眼黄②，胡蝶飞去专斜阳③。妍嗤都无十日事④，付与梧桐一夏凉。

释义

①不贷春：不借给春天更多的日子。②芜菁（jīng）：又称蔓菁，地下块茎像圆萝卜，无辣味，可凉拌。花茎70～100厘米，总状花序，花色鲜黄。③专斜阳：趁斜阳。④妍嗤：美丑。

作者简介

陈与义（1090—1138）：北宋洛阳人，字去非，号简斋。政和间，登上舍甲科。金兵破京城开封，随高宗赵构南逃至南京、临安（今杭州），绍兴中累官参知政事，受排挤，降为提举洞霄宫，卒。陈与义是南宋著名诗人，是江西诗派的大家。著有《简斋集》《无住词》。

紫藤花

紫藤，木质藤本。枝灰褐色至暗褐色，多分枝。奇数羽状复叶，互生，长20 ~ 30厘米。小叶3 ~ 6对，卵状长圆形或卵状披针形，长5 ~ 11厘米，宽1.5 ~ 5厘米，先端渐尖，基部圆或宽楔形，全缘。总状花序，侧生，下垂，长15 ~ 30厘米。花冠蓝紫色或深紫色，长约2厘米。荚果扁，长10 ~ 20厘米，密生灰褐色短柔毛。花期4—5月，果期5—8月。

花大而美，可供观赏。根皮和花入药。

紫藤树

唐·李白

紫藤挂云木，花蔓宜阳春。
密叶隐歌鸟，香风留美人。

作者简介

李白：见前。

楝　花

楝（liàn）树，落叶乔木，株高达 20 米。树皮暗褐色，浅纵裂。小枝黄褐色，幼时披星状毛，老枝带紫色；冬芽密生细毛。2 ~ 3 回奇数羽状复叶，互生，长 20 ~ 45 厘米；叶柄长 12 厘米。小叶卵形、椭圆形或披针形，长 3 ~ 7 厘米，宽 2 ~ 3 厘米，先端短，渐尖，基部稍偏斜，叶缘具钝锯齿。聚伞状圆锥花序，腋生。花有芳香，直径约 1 厘米，有梗。萼 5 深裂，裂片卵形或长卵形，长 2 ~ 3 毫米。花瓣 5 枚，淡紫色，倒卵状匙形，长 0.8 ~ 1 厘米，两面被毛，外面更密。核果，椭圆状球形或球形，长 1 ~ 2 厘米，宽 1 ~ 1.2 厘米，淡黄色。

花期 4—5 月，果期 9—10 月。

苦楝花

唐·温庭筠

院里莺歌歇，墙头蝶舞孤。
天香熏羽葆①，宫紫晕流苏②。
晻暧迷青琐③，氤氲向画图④。
只应春惜别，留与博山炉⑤。

释义

①天香：指楝花的香气。羽葆：帝王仪仗中以鸟羽连缀为饰的华盖。②流苏：器物上所装饰的穗状物。③晻暧（ǎn ài）：不甚清晰。④氤氲（yīnyūn）：弥漫。向：借作象。⑤博山炉：古香炉名，青铜铸，下有盘，上有柱，柱上有炉，炉盖镂空，形似海上仙山博山。内添香料，点燃，带有浓烈香味的烟气四散。

作者简介

温庭筠：见前。

米囊花

罂粟花的别名。与“米囊”不同。罂粟一名米囊子，故名其花为米囊花。一年生草本。茎高30~80厘米，分枝，有伸展的糙毛。叶互生，羽状深裂，裂片披针形或条状披针形，两面有糙毛。花单生；花梗长达25厘米，无毛或稀散生刚毛。

花蕾卵圆状长圆形或宽卵形，长1.5~3.5厘米，宽1~3厘米，无毛；萼2片，宽卵形，绿色，边缘膜质；花4瓣，近圆形或近扇形，长4~7厘米，宽3~11厘米，边缘

浅波状或各式分裂，白色、粉红色、红色、紫色或杂色。蒴果球形或长圆状椭圆形，长 4~7 厘米，直径 4~5 厘米，无毛，成熟时褐色。种子多数，黑色或深灰色，表面呈蜂窝状。花果期 3—11 月。花大，色艳，重瓣的栽培品种为庭园观赏植物。未成熟果实含乳白色浆液，制干后即为鸦片。果壳可入药。

米囊花

唐·郭震

开花空道胜于草，结实何曾济得民？却笑野田禾与黍，不闻弦管过青春。

作者简介

郭震（656—713）：初唐魏州贵乡（今河北大名东南）人，字元震，以字显。咸亨进士。武则天擢为右武卫铠曹参军。大足元年（701）任凉州都督，陇右诸军州大使，筑要垒，开屯田，在职五年，军粮充足。神龙中迁安西大都护，先天元年（712）任朔方军大总管，修筑丰安、定远城。次年，玄宗讲武骊山，他因军容不整被流放新州，不久起为饶州司马，病死途中。

杜鹃花

杜鹃，又称映山红。落叶或半常绿灌木。株高达3米，分枝细而多，密生褐色糙伏毛。叶卵形、椭圆状卵形或倒卵形，长3～5厘米，宽0.5～3厘米，先端尖，基部楔形，两面有糙伏毛，下面更密。花2～6朵簇生于枝头，花冠鲜红色或深红色，宽漏斗状，直径3～3.5厘米，5裂，上方裂片内有深红色斑点。蒴果，卵球形，长约1厘米。花期5月，果期7—8月。

还有一种黄花杜鹃，花有剧毒，羊误食往往踯躅而死，故称“羊踯躅”。

净兴寺杜鹃一枝繁艳无比

唐·韩偓

一园红艳醉坡陀①，自地（蒂）连梢簇蒨罗②。蜀魄未归长滴血③，只应偏滴此丛多。

释义

①坡陀：弯曲下垂。②蒨（qiàn）罗：鲜艳的花朵。③蜀魄：杜鹃花、杜鹃鸟同名。相传战国末年杜宇在蜀称帝，号望帝，为蜀除水患有功于蜀人。后禅位，退隐西山，蜀人思之。时当二月，杜鹃鸟啼声壮烈，蜀人以为望帝杜宇精魂所化，故又称杜鹃鸟为杜宇，为望帝。又杜鹃鸟是红嘴，春时鸣叫正是杜鹃花开之时，古人误传“夜啼达旦，血渍草木”。

作者简介

韩偓：唐末万年（西安）人，字致尧，小字冬郎，10岁能诗，昭宗龙纪元年（889）进士及第，官至兵部侍郎，翰林学士承旨。朱全忠厌恶他，累贬至邓州司马。不久，唐亡。著有《香奁集》。

荼蘼花

荼蘼花，又作酴醾，落叶灌木，以地下茎繁殖。茎绿色，有棱，有刺。羽状复叶，小叶5片，上面侧脉多数，致成皱纹，初夏开花，花单生，大朵，白色，重瓣，不结实。栽培供观赏。

酴醾

宋·陈与义

雨过无桃李，唯余雪覆墙①。青天映妙质，白日照繁香。影动春微透，花寒韵更长。风流到尊酒②，犹足助诗狂。

释义

①雪：比喻荼蘼白花。②尊酒：指荼蘼酒。用荼蘼花浸泡的酒，酒带有荼蘼花的香味。

作者简介

陈与义：见前。

芍 药

芍药，与牡丹同属毛茛（gèn）科，牡丹为木本，芍药为多年生草本。东晋时皆称芍药，唐武则天时始分别为牡丹、芍药二种。花叶极相似，开花比牡丹略迟，故称牡丹为花王，芍药为花后。

芍药，肉质根。株高 40 ~ 90 厘米。下部茎生叶为 2 回 3 出复叶，上部为 3 出复叶，小叶狭卵形、椭圆形或披针形，先端渐尖，基部楔形或偏斜，边缘有白色骨质细齿，叶柄长 5 ~ 9 厘米。花数朵，生茎顶或腋，直径 9 ~ 13 厘米，花瓣

9～13片，亦有极多者，倒卵形，长3.5～6厘米，白色、粉红色、红色或其他色。花期5—6月，果熟9月，花大而美，为著名观赏花卉。根称“白芍”，中医入药。

红芍药

唐·元稹

芍药绽红绡，巴篱织青琐[①]。繁丝蹙金蕊，高焰当炉火。剪刻形云片[②]，开张赤霞裹。烟轻琉璃叶[③]，风亚珊瑚朵[④]。受露色低迷，向人娇婀娜。酡颜醉后泣[5]，小女妆成坐。艳艳锦不如，夭夭桃未可。晴霞畏欲散，晚日愁将堕，结植本为谁？赏心期在我。采之谅多思，幽赠何由果[6]？

释义

①青琐：刻镂成格的窗户。②彤云：彩云。③琉璃叶：比喻叶绿而光泽像琉璃。④风亚：风吹得低了。⑤酡颜：红脸。⑥幽赠：《诗经·郑风·溱洧》：“维士与女，伊其相谑，赠之以勺药。”表示男女爱慕之情。

作者简介

元稹（779—831）：字微之，河南河内（今洛阳附近）人。八岁丧父，家贫，由其母教读。十五岁明经及第。二十四岁授校书郎，后官监察御史，曾与宦官刘士元争厅，贬江陵府士曹参军。元和十五年（820），又受宦官崔潭峻优遇，以其《连昌宫词》等向穆宗进奏，大受赏识，即知制诰，后又拜相。以武昌军节度使卒于任所。他是白居易好友知己，歌诗往来最多。《莺莺传》即出其手。有《元氏长庆集》。

蔷　薇

野蔷薇，又称多花蔷薇，落叶灌木，株高1～2米。枝细长，上升或蔓生，有钩状皮刺。羽状复叶，小叶5～7或5～9枚，倒卵状圆形到长圆形，长1.5～3厘米，宽0.8～2厘米，先端急尖或渐尖，基部宽楔形或近圆形，边缘具尖锯齿，两

面常有疏柔毛。圆锥花序，顶生，多花，可达数十朵以上。花梗细，长2～3厘米，花直径2～3厘米，芳香，花瓣白色，或粉红色，五瓣或重瓣。果球形至卵形，直径约6毫米，红褐色。花期5—6月，果期8—9月。

奉和鲁望蔷薇次韵①

唐・皮日休

谁绣连延满户陈？暂应遮得陆郎贫。红芳掩敛将迷蝶，翠蔓飘飖欲挂人。低拂地时如堕马，高临墙处似窥邻②。只应是董双成戏③，剪得神霞寸寸新。

释义

①鲁望：作者皮日休的朋友陆龟蒙字鲁望。第二句中的陆郎即指此人。②窥邻：宋玉《登徒子好色赋》讲，他的邻女是楚国最美的美女，“然此女登墙窥臣三年，至今未许也”。③董双成：神女。

作者简介

皮日休：见前。

土木香

青木香，学名土木香，别名祁木香，菊科。多年生高大草本，高 1 ~ 2 米，全株密被短柔毛。基生叶大，椭圆状披针形，长达 40 厘米，宽达 15 厘米，边缘具不整齐锯齿；茎生叶较小，无柄，基部有耳，半抱茎。头状花序 6 ~ 8 厘米，数个排成伞房花序，总苞片 5 ~ 6 层；花黄色，边缘为舌状花，中央为管状花，管状花两性。瘦果有棱角，长 4 ~ 5 毫米，冠毛污白色。

花期 5—7 月，果期 7—9 月，根入药。

临洮龙兴寺玄上人院同咏青木香丛

唐·岑参

移根自远方，种得在僧房。六月花新吐，三春叶已长。抽茎高锡杖[①]，引影到绳床[②]。只为能除疾，倾心向药王。

释义

①锡杖：僧人的禅杖。②绳床：用绳交织作床面的简易的床。

作者简介

岑（cén）参（shēn）（715—770）：江陵（今属湖北）人。父亲岑植，曾两任刺史，但在岑参少年时即去世，乃从兄受学，刻苦读书，天宝进士。初为小官，后充安西节度使府掌书记，及安西、北庭节度判官。卒于成都旅舍。著有《岑嘉州诗集》。其边塞诗极有名。

太平花

又名丰瑞花、太平瑞圣花。落叶灌木。株高约2米。幼枝光滑，带紫褐色。老枝皮灰褐色，2～3年生枝皮剥落。叶对生，卵形至狭卵形，长3～8厘米，宽2～5厘米，先端渐尖，基部楔形或近圆形，边缘疏生锯齿，具3主脉；上面绿色，散生微毛，下面淡绿色，主脉腋内有簇生毛；叶柄短，长0.2～1厘米，带紫色。总状花序，具5～9朵花，花梗长0.3～0.8厘米。花白色，微具香气，花瓣4枚，直径2～3厘米，萼筒裂片4，卵状三角形，

暗黄绿色，长4～5毫米。蒴果，倒圆锥形，4瓣裂，花期5—6月，果期8—9月。相传原产四川青城，宋仁宗时移植北地，今我国中部、北部皆有。

太平花

宋·陆游

序：花出剑南[①]，似桃四出，千百苞骈萃成朵[②]，天圣中献至京师[③]，仁宗赐名太平花。

扶床踉蹡出京华[④]，头白车书未一家[⑤]。宵旰至今劳圣主[⑥]，泪痕空对太平花[⑦]。

释义

①剑南：唐道名。以地区在剑阁之南得名。②骈萃：并列集聚。③天圣：北宋仁宗年号，公元 1023—1032。④踉蹡：走路不稳的样子。⑤车书：《礼记·中庸》："今天下车同轨，书同文。"谓文字、制度相同，天下一统。此二句指作者从少年到老年，国土尚未统一，淮北为金人所占。⑥宵旰（gàn）："宵衣旰食"之省，天不亮就起身穿衣，天黑了才吃饭。形容非常勤苦。⑦此句谓天下尚未太平。

作者简介

陆游：见前。

石竹花

石竹，多年生草本，或栽培为一年生。株高25～40厘米，全株微带粉绿色。茎簇生，直立，上部分枝。叶线状披针形，长3～5厘米，宽0.3～0.7厘米，先端渐尖，基部渐狭成短鞘围抱茎节，灰绿色，两面平滑或边缘略微粗糙，具不明显的3～5脉。花单生，或1～3朵成聚伞状。萼下苞2对，倒卵形，先端外展，具细长芒尖，长为萼的一半。萼筒圆形，长1.5～2.2厘米，宽0.4～0.6厘米，绿色或带紫色；萼齿直立，边缘粗糙，

具细缘毛。花瓣 5 枚，瓣片菱状倒卵形，淡红、粉红或白色，先端齿裂，基部具长爪。蒴果圆筒形。花期 5—9 月。同类有香石竹和瞿麦。全草入药。

石竹花

唐·齐己

石竹花开照庭石，红藓自禀离宫色[①]。一枝两枝初笑风[②]，猩猩血泼低低丛[③]。常嗟世眼无真鉴，却被丹青苦相陷[④]。谁为根寻造化功[⑤]？为君吐出淳元胆[⑥]。白日当午方盛开，彤霞灼灼临池台[⑦]。繁香浓艳如未已，粉蝶游蜂狂欲死。

释义

①离宫色：借指火红色。离宫的墙皆红色。②初笑风：初开在风中摇曳似笑。③猩猩血：喻红色。④却被句：

被画家画成各种形态，似是诬陷。⑤根寻：寻根问底。造化功：自然之力。⑥淳元胆：天地元气的精髓。淳元：犹浑元。天地的元气。⑦彤霞：红霞，喻花色。

作者简介

齐己（863？—937？）：唐诗僧。本姓胡，名得生，益阳（今属湖南）人。尝住江陵（今属湖北）龙兴寺，自号衡岳沙门。诗多登临酬答之作，风格清润，语言简淡。有《白莲集》，另撰有诗论《风骚旨格》一卷。

萱 草

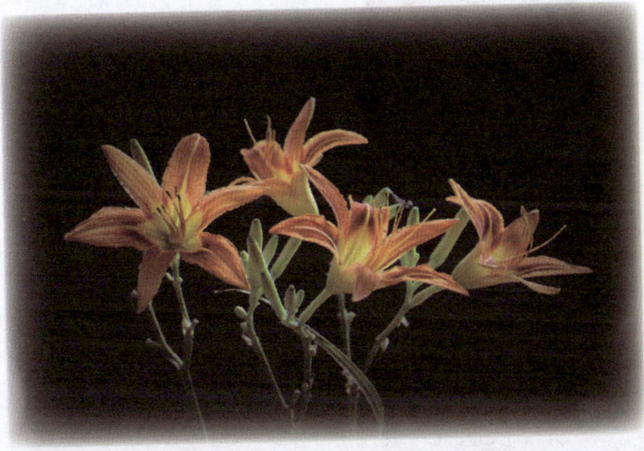

又称忘忧草。多年生草本。具短的根状茎和肉质肥大的纺锤形根。叶基生，排成两列，带状。花莛粗壮，从叶丛中央抽出，由聚伞花序组成圆锥花序，具花6～12朵或更多。花大，

向上或侧生，花被具漏斗状，下部具花被管，花被裂片6，明显长于花被管，内轮3片常比外轮3片宽大，内轮花被片中部具褐红色的彩斑，边缘波状褶皱，盛开时裂片反卷。雄蕊和花柱皆外伸。

蒴果，长圆形。花、果期5—8月。

同类有黄花菜和小黄花菜。

萱

唐·李峤

屣步寻芳草[1]，忘忧自结丛[2]。
叶舒春夏绿，花吐浅深红[3]。
色湛仙人露[4]，香传少女风[5]。
还依北堂下[6]，曹植动文雄[7]。

释义

①屣（xǐ）步：徒步。②忘忧：忘忧草即萱草。③此处又作“黄英开养性，绿叶正依笼”。④色湛（zhàn）仙人露：因有露水，花色更深了。⑤少女风：西风。⑥北堂：古代居室东室的后部，为妇女盥洗之所，后即以

北堂指妇女居处。《诗经·卫风·伯兮》：“焉得谖草，言树之背。”谖草即萱草，背即北堂。古人认为北堂下种萱草，可使人忘忧。⑦曹植（192—232）：三国魏诗人。字子建，谯（今安徽亳 bó 县）人，曹操子，封陈王，谥思，世称陈思王。因富于才学，早年曾被曹操宠爱，一度欲立为太子。及曹丕、曹叡相继为帝，备受猜忌，郁郁而死。有《曹子建集》传世。曹植当年肯定写过咏萱草的诗，唐后遗失。

作者简介

李峤（644—713）：唐前期诗人。字巨山，赵州赞皇（今属河北）人，二十岁中进士，历仕高宗、武后、中宗、睿宗四朝，官至中书令。玄宗继位，贬为庐州别驾。有集50卷，已散佚，明人辑有《李峤集》。

栀子花

栀子，常绿灌木，高达 2 米，叶对生或 3 叶轮生，叶片革质，有光泽，长椭圆形或倒卵状披针形，长 5 ~ 14 厘米，宽 2 ~ 7 厘米，全缘；托叶 2 片，通常连合成筒状包围小枝。花单生于枝端或叶腋，白色，极香；花萼绿色，圆筒状；花冠高脚碟状，裂片 5 或更多。果实椭圆形或长卵圆形，长 1.5 ~ 3.5 厘米，直径 1 ~ 1.5 厘米。表面红黄色或棕红色，具翅状纵棱 5 ~ 8 条，顶端有宿萼。花期 5—7 月，果期 8—11 月。

栀子

唐·杜甫

栀子比众木，人间诚未多。于身色有用，与道气伤（相）和。红取风霜实[1]，青看雨露柯。无情移得汝，贵在映江波。

释义

①红：指果。

作者简介

杜甫：见前。

玫瑰花

玫瑰，落叶直立灌木。株高2米，枝干粗壮，丛生，密被短柔毛，有皮刺或针刺，刺微曲或直。羽状复叶，小叶5～9枚，椭圆形或椭圆状倒卵形，长2～5厘米，宽1～2厘米，

先端急尖，基部圆形或宽楔形，边缘有尖锐锯齿，上面有光泽，多皱，下面灰绿色，有绒毛和腺毛，网脉明显，叶柄长2～4厘米。花单生，或3～6朵聚生，芳香，直径6～8厘米，花梗长1～2.5厘米，密生短绒毛和腺毛。花

瓣紫红色，单瓣或重瓣。花期 5—7 月。果扁球形，直径 2 ~ 2.5 厘米。鲜花瓣可提取香精油，是名贵的香料，用作香水。

玫瑰

唐·唐彦谦

麝炷腾清燎，鲛纱覆绿蒙①。宫妆临晓日，锦段落东风。无力春烟里，多愁暮雨中。不知何事意，深浅两般红。

释义

①“麝炷”二句：深红色的玫瑰花就像麝香做的，散发着清香，薄薄的轻纱蒙在绿色枝上。鲛纱：传说海中鲛人所织之纱、绢，用作服，入水不湿。

作者简介

唐彦谦：晚唐并州（今山西太原）人，字茂业，自号鹿门先生。咸通（860—874）时，十余年举进士不第。乾符末，携家避地汉南。中和中，王重荣镇河中（今山西永济西蒲州镇），任为从事。光启末，贬兴元参军事。杨守亮镇兴元，任为判官。累官至副使。历阆、壁二州刺史。唐彦谦博学多艺，文辞壮丽。至于书画音乐，皆高于同时人。有《唐彦谦诗集》三卷。

虞美人

虞美人，本是楚霸王项羽的虞姬，不知何时用作花名。一年生草本。株高30 ~ 80厘米，全株被开展的粗毛，有乳汁。叶羽状深裂或全裂，裂片披针形，边缘有不规则的锯齿。花单生，具长莛，蕾时下垂。萼2片，椭圆形，长约2.5厘米，绿色，外被粗毛。花瓣4枚，近圆形，全缘，有的有钝齿或缺刻，红色、紫红色、粉红色至白色或为白色红缘，有的具暗斑。蒴果，近球形，直径约1.3厘米，光滑，成熟后孔裂。花期5—8月。

虞美人草

宋·陈师道

幽草默通神，旧题虞美人。长言方度曲，应节若翻身[①]。律吕声相应[②]，云龙气自亲。无情犹感会，不独在君臣[③]。

释义

①“长言”二句：长言即唱歌，正在唱一首新曲，按着节奏，似若做翻身的舞步。因花之美联想到能歌善舞的虞姬。②律吕：指唱腔声调。③“无情”二句：古有“圣庄贤臣，风云际会”之说，而虞美人与我相遇，虽是一丛花，亦似有意，报相知之情。

作者简介

陈师道（1053—1101）：字无己，又字履常，别号后山居士，彭城（今江苏徐州）人，做过徐州教授、秘书省正字。家境困窘，爱苦吟，有“闭门觅句陈无己”之称，是江西诗派代表作家之一。常与苏轼、黄庭坚等唱和。著有《后山集》。

淫羊藿

淫羊藿，别称仙灵毗，亦作仙灵脾。多年生常绿草本，高一二尺，茎细而坚如粟秆，叶青似杏叶，亦似豆叶，面光背淡，边缘有密刺。一茎三杈，一杈三叶。五月开白花，亦有紫花者。根紫色有须。叶、根皆入药，有壮阳、强筋健骨各种功效。

神仙灵毗

唐·柳宗元

穷陋（一作巷）阙自养[①]，疠气剧嚣烦[②]。隆冬乏霜霰，日夕南风温。杖藜下庭际，曳踵不及门[③]。门有野田吏，慰我飘零魂。及言有灵药，近在湘西原。服之不盈旬，蹩躠皆腾骞[④]。笑忭前即吏[⑤]，为我擢其根[⑥]。蔚蔚遂充庭[⑦]，英翘忽已繁[⑧]。晨起自采曝，杵臼通夜喧[⑨]。灵和理内藏[⑩]，攻疾贵自源[⑪]。拥覆逃积雾，伸舒委余暄[⑫]。奇功苟可征，宁复资兰荪[⑬]。我闻畸人术⑭，一气中夜存。能令深深息，呼吸还归根⑮。疏放固难效，且以药饵论。痿者不忘起，穷者宁复言⑯。神哉辅吾足，幸及儿女奔。

释义

①阙：同缺。②疠气：能使人致病的恶气。以上二句说：被贬至此，走投无路，条件很差，无法调养身体，这里能使人致病的疠气很厉害，致使心中烦躁。③曳踵：拖着脚后跟，使足不离地，小步行走。④蹩躠(bié xiè)：走路摇摆的样子；瘸。腾骞（qiān）：跳跃。⑤笑忭（biàn）：又笑又手舞足蹈。⑥擢：拔；挖。⑦蔚蔚：茂盛的样子。⑧英翘：花儿。⑨杵臼：捣药用的药杵和药臼。⑩理：治。这是唐代为避高宗李治名讳而改“治”为“理”。⑪攻疾贵自源：即中医讲究的治本。⑫“拥覆”

二句：病之时，病魔缠身，有如浓雾裹挟覆体；吃药后，如浓雾般的病魔逃掉了；一旦暖和之时，腿脚伸舒自如了。⑬兰荪：皆为香草。⑭畸人术：练形而为气，畸人乘其真气而上升为仙。畸人：仙人；神奇的人。⑮根：中医指气的根。气的根有肺、肾。这里指肾。淫羊藿补肾壮阳。⑯穷者：走投无路的人。这里指自己。

作者简介

柳宗元（773—819）：字子厚，祖籍河东（今山西永济），故世称柳河东。曾任礼部员外郎，协助王叔文力革弊政，著名的“八司马”之一。失败后，被贬永州司马，后又为柳州刺史，人称“柳柳州”。是唐代古文大家，与韩愈齐名，世称“韩柳”。有《柳河东集》。

荔 枝

亚热带常绿乔木，高 8 ~ 15 米。羽状复叶互生，小叶 2 ~ 4 对，革质，长椭圆形或长圆状披针形，长 6 ~ 12 厘米，宽 2.5 ~ 4 厘米，幼叶橙红色。圆锥花序顶生，花小，绿白色或淡黄色，花萼杯状，四裂；无花瓣，花盘肉质，杯状。果实近球形，果皮干硬较薄，有瘤状突起，熟时暗红色。花期 2—3 月，果期 6—7 月。主产广东、广西、福建、台湾。

荔枝

唐·郑谷

平昔谁相爱？骊山遇贵妃[①]。枉教生处远，愁见摘来稀。晚夺红霞色，晴欺瘴日威[②]。南荒何所恋？为尔即忘归。

释义

①骊山：在陕西临潼东南，唐代在此建离宫，又有温泉，唐玄宗与杨贵妃等常至此避暑。乐史《杨太真外传》记载："妃子既生于蜀，嗜荔枝。南海荔枝胜于蜀者，故每岁驰驿以进，然方暑热而熟，经宿则无味，后人不能知也。"②"晴欺"句：晴天阳光炙热，但荔枝却不怕。

作者简介

郑谷：字守愚，唐末袁州（今江西宜春市）人，僖宗光启三年（887）进士及第，历任都官郎中。幼即能诗，名盛唐末。诗集有《云台编》《宜阳集》《外集》等。

夹竹桃

常绿直立灌木，株高可达5米。嫩枝长而细弱，叶3～4片轮生，枝的下部叶常为对生，窄披针形，长11～15厘米，宽2～2.5厘米，先端急尖，基部楔形，上面深绿色，背面浅绿色，边缘稍反卷，叶柄长0.5～0.8厘米。聚伞花序顶生，有花数朵，萼片紫红色，直立；花冠深红色，直径3～4厘米，有芳香，常重瓣，裂片成三轮，基部结合呈漏斗状，有撕裂状附属物。果圆柱形。花期6—8月，果期7—10月。

弋阳县学北堂见夹竹桃花有感而书

宋·李觏

暖碧覆晴殷①，依依近朱栏。异类偶相合②，劲节何能安③？同地尽妖艳，无地容檀栾④。移根既不可，洁心诚为难。外貌任春色，中心期岁寒。正声尚可听⑤，谁是伶伦官⑥？

释义

①暖碧覆晴殷（yān）：蓝天覆护着鲜红的夹竹桃花。②异类：似指桃花。③劲节：指夹竹桃细长的枝条。④檀栾：秀美貌。⑤正声：纯正的乐声。⑥伶伦：传说为黄帝时的乐官，古代认为是乐律的创始者。

作者简介

李觏（gòu）（1009—1059）：字泰伯，建昌军南城（今江西南城县）人。北宋仁宗皇祐初（1049）因他人推荐为太学助教，终海门主事、太学说书。有《退居类稿》。

金莲花

多年生直立草本。株高 50 ~ 70 厘米，全体无毛。基生叶 1 ~ 4 枚，具长柄，叶片五角形，长 3.5 ~ 7 厘米，宽 6.5 ~ 12 厘米，基部心形，3 全裂，中裂片菱形，顶端急尖，基部楔形，3 中裂，中间小裂片又 3 裂，裂片边缘密生不等的三角形锐锯齿；侧全裂片斜扇形，2 深裂；叶柄长 13 ~ 30 厘米，基部具鞘。茎生叶 3 ~ 4 枚，似基生叶，5 全裂，下部叶具长柄，上部叶略小，近无柄。花通常单生，花梗长 6 ~ 12 厘

米，直径 3.8 ~ 5.5 厘米。苞片 3 裂。萼片 10 ~ 15 枚，金黄色，椭圆状卵形或倒卵形，先端圆形，具浅齿，长约 2.2 厘米。花瓣 18 ~ 21 枚，狭线形，金黄色，长约 2.2 厘米，宽约 1.4 毫米，基部具蜜槽。蓇葖果，长 1 ~ 1.2 厘米，具脉网，种子近黑色。花期 6—7 月，果熟 8—9 月。花入药。

金莲川

金·赵秉文

一望金莲五色中，离宫风月满云龙[①]。向来菡萏香销尽[②]，何许蔷薇露染浓？秋水明边罗袜步，夕阳低处紫金容。长杨猎罢回天仗[③]，万烛煌煌下翠峰[④]。

释义

①离宫：正宫之外供帝王出巡时居住的宫室。②菡萏：荷花。③长杨猎：长扬为秦汉时的离宫，在陕西周至县东南三十里。西汉扬雄撰《长杨赋》，铺叙皇帝率众射猎长杨之事。天仗：仪仗。④万烛煌煌：比喻金莲如万支蜡烛。

作者简介

赵秉文（1159—1232）：字周臣，号闲闲，金代磁州滏阳（今属河北）人，大定进士，兴定初累拜礼部尚书。哀宗继位，改翰林学士。工书画诗文，仕五朝，官六卿，自奉如寒士。性好学，自幼至老，未尝一日废书，著作多种，有《滏水集》。

凌霄花

凌霄，落叶木质藤本。羽状复叶对生，小叶7～9枚，卵形至卵状披针形，长3～7厘米，宽1.5～3厘米，先端长尖，基部不对称，边缘疏生7～8个锯齿。花橙红色，由三出聚伞花序集成稀疏顶生圆锥花丛。花冠漏斗状，直径约7厘米，唇5裂。

蒴果长如豆荚。花期6—8月，果期11月。是著名观赏花卉。

凌霄花

宋·范浚

栽松待成荫，种漆拟作器。人皆笑艰拙，往往后得利。君看植凌霄，百尺蔓柔翠。新花郁煌煌，照日吐妍媚。风霜忽摇落，大木亦雕瘁[①]。视尔托根生，枯茎无残蒂。先荣疾萧瑟，物理固艰恃。凌霄亟芳华，衰歇亦容易。

释义

①大木亦雕瘁：凌霄是缠绕附近直立乔木而生，几年后，凌霄老壮，便将所附乔木缠死。

作者简介

范浚：字茂明，兰溪（属浙江）人。南宋初绍兴（1131—1163）间，参加了荐举“贤良方正科”，因秦桧当权，不赴。学者称之为“香溪先生”。著有《香溪集》。

石榴花

石榴，落叶小乔木，株高可达6米。小枝平滑，一般有刺针。叶对生或簇生，倒卵形至长圆状披针形，长2.5～5厘米，全缘，光滑无毛，有短柄。花红色，径约3厘米，花瓣5～7枚，有的重瓣。浆果，近球形，褐黄色至红色，熟透开裂，露出果肉和子。花期6—7月。

山石榴花十二韵

唐·白居易

晔晔复煌煌[1]，花中无比方。艳天宜小院，条短称低廊[2]。本是山头物，今为砌下芳。千丛相向背，万朵互低昂。照灼连朱槛[3]，玲珑映粉墙[4]。风来添意态[5]，日出助晶光。渐绽胭脂萼[6]，犹含琴轸房[7]。离披乱剪彩[8]，斑驳未匀妆[9]。绛焰灯千炷[10]，红裙妓一行。此时逢国色，何处觅天香？恐合栽金阙，思将献玉皇。好差青鸟使[11]，封作百花王。

释义

①晔晔（yèyè）：美盛的样子。煌煌：光彩照人的样子。②称(chèn)：相称，合适。③照灼：像火一样地映照着。④玲珑：形容石榴树。⑤“风来”句：微风吹拂，枝头的花摇曳多姿，更加妩媚。⑥绽（zhàn）：开。胭脂萼：红色花瓣。⑦琴轸（zhěn）房：琴轸本是琴上调弦的小柱，也用来比喻石榴子。琴轸房比喻石榴，花未开初开时花下就有石榴了。⑧离披：指花瓣分披开。⑨斑驳：指花刚开色杂。⑩绛焰：比喻花红得像灯上的火苗。⑪青鸟使：神话传说，西王母有三青鸟代为取食报信。后借指传递书信的使者。

作者简介

白居易：见前。

红姑娘

学名酸浆，俗名挂金灯、红姑娘、锦灯笼、十姊妹花。多年生草木。株高30 ~ 60厘米。茎直立，节部稍膨大，下部叶互生，上部叶假对生，长卵形、宽卵形或菱状卵形，长4 ~ 10厘米，宽2 ~ 6厘米，顶端渐尖,基部楔形，偏斜。花单生于叶腋，花萼钟状，5裂，被短柔毛；花冠辐射状，白色，直径约2厘米。浆果，球形，熟时橙红色，有膨大宿存的红色萼片包裹着，萼片有多条纵棱。未熟时很苦，熟后也微苦。花期6—9月，果期7—10月。

戏题十姊妹花

明·袁宏道

序：燕中有红姑娘，花极红。

缬屏缘屋引成行[①]，浅白深朱明样装。却笑姑娘无意绪[②]，只将红粉闹儿郎。

释义

①缬(xi é)屏: 装有彩绘织品的屏风。②姑娘: 双关。一指花，一指人。

作者简介

袁宏道（1568—1610）：明文学家，字中郎，号石公，湖广公安（今属湖北）人，万历进士，官吏部郎中，与兄宗道、弟中道并称“三袁”。诗文强调抒写性灵，是“公安派”的创始者。有《袁中郎全集》。

合欢花

合欢，又称绒花树、马缨花、夜合花。落叶乔木，高可达16米。树皮灰褐色，不裂或浅裂。小枝绿棕色，皮孔明显。二回羽状复叶互生，羽片4～12对。

小叶10～30对，镰刀形或长圆形，长6～12毫米，宽1～4毫米，全缘。傍晚，小叶一对一对闭合，早晨又张开。头状花序，多数，生于新枝顶端，成伞状排列。小花粉红色，连同雄蕊长25～50毫米。萼长约3毫米，花冠长6～9毫米，漏斗状，顶端5裂。雄蕊多数细长，花柱丝状，与花丝等长，粉红色。荚果，扁平，带状，长 8 ~ 10 厘米，宽 1.2 ~ 2.5 厘米。花入药。花期 6—7 月，果期 9—11 月。

题合欢

唐 · 李颀

开花复卷叶，艳眼又惊心。蝶绕西枝露，风披东干阴。黄衫漂细蕊，时拂女郎砧[1]。

释义

①“黄衫”两句：细细的黄色花粉落在衣襟上，也落在女郎捣绢的石砧上。古代的绢织出来很硬，也不光滑，不能做衣穿，必须捣，捣软了，就把生绢制成熟绢，染色，就可做衣服了。

作者简介

李颀：唐人。生卒年不详。少居颍阳（今河南登封县西）。开元进士，曾任新乡（今属河南）县尉。和王维、王昌龄、高适等皆有交往。有诗三卷。

长春花

长春，又称雁来红、日日新。多年生草本或半灌木，高30～70厘米，幼枝绿色或红褐色。叶对生，倒卵状矩圆形，长3～6厘米，宽1.5～2.5厘米，全缘或微波状，先端浑圆而具短尖头，基部狭窄成短柄。聚伞花序，有花2～3朵。花冠粉红色或紫红色，高脚碟状，裂片5，左旋。果圆柱形，长2～3厘米。花期长，6—9四个月。8—9月果熟。

长春花

宋·朱淑贞

一枝才谢一枝殷[1]，自是春工不与闲[2]。纵使牡丹称绝艳，到头荣瘁片时间[3]。

释义

①殷（yān）：殷红，深红。②“自是”句：花开在六月，和春天没有关系。③荣瘁：荣枯。

作者简介

朱淑贞：宋女作家，号幽栖居士，钱塘（今浙江杭州）人，一说海宁（今属浙江）人，南宋绍定（况周颐《惠风词话》以为应作北宋绍圣）中尚在世。生于世宦家庭，相传因婚嫁不如意，抑郁而终。能画，通音律，词多幽怨，流于感伤。也能诗。有诗集《断肠集》和《断肠词》。

茉莉花

茉莉，常绿藤本，株高1～3米。嫩枝具柔毛，小枝有棱角。叶单生，有的三小叶簇生，椭圆形或广卵形，长4～7.5厘米，端尖圆或钝，基部圆形或阔楔形，全缘，近光滑，叶脉明显，叶柄短。

顶生聚伞花序，花芳香，花冠白色，裂片长圆形或圆形，常重瓣。花期6—7月。可用以制茉莉花茶。

茉莉

清·吴伟业

剪雪裁冰莫浪猜，玉人纤手摘将来。新泉浸后香恒满，细缕穿成蕊半开①。爱玩晚凉宜小立，护持隔岁为亲栽。一枝点就东风里，好与新妆报镜台②。

释义

①“细缕”句：花半开，很多雄蕊丛立，如丝线穿织而成。②“一枝”二句：女子在镜子前，看到新妆之艳，又闻到了茉莉花的香气。镜台：装有镜子的梳妆台。

作者简介

吴伟业（1609—1671）：明末清初江苏太仓人，字骏公，号梅村，崇祯四年（1631）进士，官至翰林院编修。明亡家居。顺治间被迫出仕清朝，任国子监祭酒。生平著述甚丰，尤长于诗。有《吴梅村集》传世。

紫薇花

紫薇，落叶灌木或小乔木，株高3～6米。小枝略有四棱，通常还有狭翅。单叶对生，或上部枝条互生，椭圆形至倒卵形，长3～7厘米。圆锥花序顶生，长20厘米左右，花色紫、蓝紫、淡红。花瓣6枚，近圆形，呈皱缩状，边缘有不规则缺刻，基部具爪。蒴果椭圆球形。花期6—9月，10—11月份果熟。紫薇花序硕大繁茂，花色丰富，色彩鲜艳，花瓣内衬托着金黄色的花蕊，光彩夺目。在春花落尽之后，紫薇让人流连忘返。

紫薇花（节选）

唐·唐彦谦

素秋寒露重，芳事固应稀。小槛临清沼，高丛见紫薇。温馨终有思[①]，暗淡岂无辉。见欲迷交甫[②]，谁能状宓妃[③]？

释义

①温馨（nún）：温暖芳香。②迷交甫：《神仙传》载，郑交甫在汉水滨遇一神女，用眼神挑逗，神女遂解佩玉相赠，郑交甫很高兴，但行无数步，佩玉没了，女子也不见了。即“汉皋解佩”的典故。③宓（fú）妃：神话传说中的洛水女神。见曹植《洛神赋》。以上二句用汉皋神女和洛神比况紫薇花。

作者简介

唐彦谦：见前。

锦带花

海仙花，学名锦带花。落叶灌木，株高可达 3 米。当年生枝绿色，小枝细，紫红色，光滑具微棱。冬芽具 6 ~ 7 对牙鳞。叶椭圆形至卵状长圆形或倒卵形，长 5 ~ 10 厘米，宽 1.5 ~ 2.5 厘米，先端渐尖或急尖，基部楔形，叶缘具浅锯齿，两面被短柔毛，沿脉尤密。花 1 ~ 4 朵，顶生于短侧枝上，成伞房花序，花冠漏斗状钟形，外面粉红色，里面灰白色，长 3.5 ~ 4 厘米，裂片 5，宽卵形。蒴果，长 1.5 ~ 2 厘米，顶端具短柄状喙。花期 6—8 月，果期 9—10 月。

海仙花诗并序

宋·王禹偁

序：海仙花者，世谓之锦带。维扬人传云[①]：初得于海州山谷间，其枝长而花密，若锦带然。其花未开如海棠，既开如木瓜，而繁丽袅弱过之。一朵满头，冠不克荷。惜其不香而无子，但可钩压其条，移植他所。因以《释草》《释木》验之[②]，皆无有也。近之好事者作《花谱》，以海棠为花中神仙，予谓此花不在海棠下，宜以仙为号，目之锦带，俚俗甚焉！又取始得之地，命曰海仙，且赋诗三章，以存其名，题诸僧壁。

一堆绛雪压春丛[3]，袅袅长条弄晚风[4]。借问开时何所似？似将绣被覆熏笼。

春憎窈窕教无子，天为妖娆不与香。尽日含毫难并比，花中应是卫庄姜[5]。

何年移植在僧家？一簇柔条缀彩霞。锦带为名俚且俗，为君呼作海仙花。

释义

①维扬：今江苏扬州。②《释草》《释木》：是我国古代第一部词典《尔雅》中的两卷。③绛雪：红色的雪，比喻锦带花。④袅袅（niǎo niǎo）：细弱的样子。⑤卫庄姜：春秋时，卫庄公娶齐庄公女儿庄姜为妻。庄姜身材高，手指白嫩，皮肤柔嫩似涂了油，脖颈长圆而白，牙齿像葫芦的籽，洁白而齐，额广而方正，眉细长而弯曲，“巧笑倩兮，美目盼兮”，十分地美。

作者简介

王禹偁（954—1001）：字元之，北宋巨野（今属山东）人。太宗时进士，任右拾遗，以刚直敢言著称，曾上《御戎十策》，陈说防御契丹之计。京城旱灾，上疏请减百官俸禄，节约开支，减轻刑罚。后屡以事贬官。真宗继位后，上疏提出谨边防，减冗兵、冗吏等事。不久因修《太祖实录》，直书史事，宰相不满，出知黄州，后迁蕲（qí）州病死。著有《小畜集》。

旋覆花

鼓子花，学名旋覆花，又称金钱花、六月菊。多年生草本。茎直立，被长柔毛，上部有分枝。基生叶和下部茎生叶花时常枯萎，长椭圆形或披针形，长 3 ~ 10 厘米，宽 1 ~ 2.5 厘米；中部叶长椭圆形，长 5 ~ 9 厘米，宽 0.6 ~ 2.5 厘米，先端锐尖或渐尖，基部渐狭或急狭，无柄，有半抱茎的小耳，椭圆形或长圆形，叶极似柳叶。头状花序较小，直径 2.5 ~ 4 厘米。

边缘为舌状花，黄色，舌片线形，长 1 ~ 2 厘米，中心为

管状花，黄色，长约5毫米。瘦果，长1～1.2厘米，有浅沟，被短毛，冠毛1层，白色。花果期6—10月。花入药。旋覆花品种多，有大花旋覆花、线叶旋覆花、小叶旋覆花等，皆大同小异。

鼓子花

宋·谢翱

尘湿西风泪，沟西影见君。碧衣羞远日，天梦冷秋云。蔓引山精径，篱依楚女坟[①]。海边逢卖药，采实故应分。

释义

①**楚女：指巫山神女。**

作者简介

谢翱（1249—1295）：南宋诗人，字皋羽，号晞发子，福安（今属福建）人。后迁居浦城（今属福建）。元兵南下时，曾参加文天祥抗元部队。散文《西台恸哭记》较有名。作有《晞发集》，编有《天地间集》。

百合花

百合，多年生草本。地下鳞茎球形，白色。茎直立，株高 1 米以上。叶互生，翠绿，倒披针形或倒卵形，全缘。花大，6 瓣漏斗状，先端稍外弯，花 1 ~ 3 朵

（笔者所莳百合多年，茎粗状，有的 1 朵，有 2 株竟有 12 朵，连续开放半个月），色有白、橘红、浅黄等。有香气。其中的王百合、麝香百合为白色，花大，横向开放。雄蕊上翘。花期 5—6 月，果熟 8—10 月。鳞茎脆而微甜，可食。兰州百合早已销售到北京。

咏百合诗

南朝·梁·萧詧

接叶有多种，开花无异色。含露或低垂，从风时偃抑。甘菊愧仙方，丛兰谢芳馥[1]。

释义

①“甘菊”二句：与百合相比，菊花虽能饮之健体，但花色不如；丛兰虽有香气，与百合相比，当逊之色。

作者简介

萧詧（chá）（519—562）：字理孙，南朝梁昭明太子萧统第三子，先后受封曲江县公、岳阳郡王，历任太守刺史等职。在任雍州刺史时（547—548），朝廷命他将权柄交付替代者，他拒绝交付，并投靠西魏，西魏立他为梁王，驻襄阳。后来，西魏南侵，梁元帝大败而死，重镇江陵落入西魏之手，萧詧进驻江陵，改年号为大定，在位八年与南京的梁国号相同，实为僭称。西魏谥曰宣皇帝，南朝梁不予承认。

山丹花

又称山丹丹。多年生草本。鳞茎卵形至长圆形，白色，肉质鳞片长卵形至长圆形。茎直立，长约 70 厘米。叶互生，线形，中脉下面突出，边缘具乳头状突起。花 1 ~ 3 朵顶生，或数朵成总状花序，鲜红色，下垂，花 6 瓣，反卷。蒴果长圆形，室背开裂，种子多数。花期 7—8 月，果期 9—10 月。与百合相似，又与卷丹相似，同属百合科。

山丹花

金·周昂

浪蕊谁能记？山丹旧所闻。卷花翻碧草，低地落红云。塞雨沾衣久，溪风入把勤[①]。莫言羌妇丑[②]，谁识汉昭君[③]。

释义

①“溪风”句：手上感觉溪风有劲。②羌妇丑：指蒙古妇女，因地势高，紫外线强烈，面部被晒得暗红，叫高原红，这里比喻山丹花。③汉昭君：昭君，西汉秭归（今属湖北）人，姓王，名嫱，字昭君。汉元帝时被选入宫，凭自己的美貌，不肯向画师毛延寿行贿，未被

选为嫔妃。竟宁元年，匈奴呼韩邪单于入朝，求美人为阏氏（yānzhī），她自愿嫁匈奴，入匈奴后，被称为宁胡阏氏。其墓在内蒙古呼和浩特市南，世称青冢。王昭君是史上四大美女之一。

作者简介

周昂（？—1211）：字德卿，金国真定（今属河北）人。年21登进士第，调南和主簿。有异政，拜监察御史，后遭贬，谪居隆州十几年。后被召回。大安三年（1211），蒙古军南侵，暂为六部员外郎，跟随参知政事完颜承裕备边，承裕军败宣平，周昂与侄儿周嗣明皆遇难。著有《常山集》。

果 蠃

果蓏（luǒ），今称瓜蒌，别称天瓜、苦瓜。多年生草质藤本。茎有棱线，卷须有 2 ~ 3 歧，用于攀援。叶互生，叶片宽卵状心形，长宽相近，5 ~ 14 厘米，3 ~ 5 浅裂或深裂，边缘常再分裂，小裂片较圆。雌雄异株。雄花生于上端 1/3 处，3 ~ 8 朵成总状花序，花冠白色，裂片扇状倒三角形，先端有花丝，也称流苏，密集，长 1.5 ~ 2 厘米。雌花单生，花梗长约 6 厘米。浆果椭圆形至球形，长 7 ~ 11 厘米，初熟深橙黄色至橙红色，干后皱缩。花期 6—8 月，果期 9—10 月。根名天花粉，中医入药。

赋园中所有十首其七

宋·苏辙

吾兄客关中[①]，果蠃施吾宇[②]。兄虽未得还，我岂如妇女。呦呦感微物[③]，涕泗若零雨[④]。但爱果蠃茎，屈曲上墙堵。朝见缘墙头，莫已过墙去。物生随年华，还日何足数[⑤]？

释义

①吾兄：指苏轼。关中：指陕西。苏辙此时在京城开封。②施：爬，爬蔓。③呦呦：哭泣声。④涕泗：涕，眼泪；泗，鼻涕。⑤还：指兄苏轼还京。

作者简介

苏辙（1039—1112）：字子由，眉州眉山（今四川）人。十九岁与兄轼同榜进士。他在政治上反对王安石的新法，随着新旧派的起降，他的遭遇起落不定。王派当政时，因苏轼下狱受牵连，贬谪到筠州作盐酒税监。司马光执政，擢升至尚书右丞、门下侍郎。王派复起后降职外放，初任知州，后又斥降为化州别驾，雷州安置。晚年居颍川（今河南许昌），自号颍滨遗老。著有《栾城集》。苏辙与父洵、兄轼齐名，号称“三苏”，又同列入“唐宋古文八大家”中。

梧桐花

梧桐，又称青桐（另有刺桐、泡桐）。落叶高大乔木，高可达16米，树皮光滑，灰绿色。小枝疏生柔毛。叶大，掌状3～5裂，长15～20厘米，基部心形，裂片三角形，全缘。叶柄与叶片略等长。圆锥花序顶生，长25～50厘米，花黄绿色。萼片长圆形，长约1厘米，花瓣状。心皮4～5个，开裂成叶状，长3～10厘米。蓇葖果，叶状。花期6—7月，果熟期10月。树形美丽，叶大遮阴，木材质轻，我国古琴即用此材制成。根、茎皮、叶、果皆入药。

答桐花

唐·白居易

山木多蓊郁[①]，兹桐独亭亭[②]。叶重碧云片，花簇紫霞英[③]。是时三月天，春暖山雨晴。夜色向月浅[④]，暗香随风轻。行者多商贾[⑤]，居者悉黎氓[⑥]。无人解赏爱，有客独屏营[⑦]。手攀花枝立，足蹋花影行。生怜不得所，死欲扬其声[⑧]。截为天子琴，刻作古人形[⑨]。云待我成器，荐之于穆清[⑩]。诚是君子心，恐非草木情。胡为爱其花，而反伤其生。老龟被刳肠[11]，不如无神灵。雄鸡自断尾，不愿为牺牲[12]。况此好颜色，花紫叶青青。宜遂天地性[13]，忍加刀斧刑？我思五丁力[14]，拔入九重城[15]。当君正殿栽，花叶生光晶。上对月中桂，下覆阶前蓂[16]。泛拂香炉烟，隐映斧藻屏[17]。为君布绿阴，当暑荫轩楹。沈沈绿满地，桃李不敢争。为君发清韵，风来如叩琼[18]。泠泠声满耳，郑卫不足听[19]。受君封植力，不独吐芳馨；助君行春令，开花应清明。受君雨露恩，不独含芳荣；戒君无戏言，剪叶封弟兄⑳。受君岁月功，不独资生成；为君长高枝，凤皇上头鸣㉑。一鸣君万岁，寿如山不倾；再鸣万人泰，泰阶为之平。如何有此用，幽滞在岩坰㉒。岁月不尔驻，孤芳坐凋零。请向桐枝上，为余题姓名。待余有势力，移尔献丹庭㉓。

释义

①蓊郁：郁郁葱葱。②亭亭：高高直立的样子。③“花簇”句：一串串花，色像紫霞。④浅：指夜未深。⑤商贾（gǔ）：商人。⑥黎氓(méng)：无知的百姓。⑦屏(bīng)营：徘徊，流连。⑧“死欲”句：指用梧桐木制琴，可弹奏乐曲。⑨“刻作”句：指在琴身上刻出各个古人。⑩穆清：指天。⑪“老龟”句：殷商以来，天子用龟腹甲占卜凶吉。当然要先锯去背甲，去掉内脏。刳(kū)：挖空。⑫“雄鸡”二句：雄鸡断尾，比喻明智之士自我伤残以避祸。古代祭祀，必用毛色纯，身体完好的雄性的牛、猪、羊或鸡、鸭。《左传·昭公二十二年》：“宾孟适郊，见雄鸡自断其尾，问之，侍者曰：‘自惮其牺也。’”杜预注：“畏其为牺牲，奉宗庙，故自残毁。”牺牲：古代祭祀用的牛、猪、羊、鸡、鸭等。⑬遂天地性：顺着它的本性。⑭五丁：神话传说中的五个大力士。⑮九重城：宫禁。古制，天子之居有门九重，故称。⑯蓂：蓂荚，古传说的一种瑞草。它每

月初一至十五，每日结一荚，从十六至月终，每一日落一荚。所以从荚数多少可以知道是哪一天。⑰斧藻屏：古代帝王朝堂上所用的屏风，其上有斧形图案，故名。⑱琼：美玉。⑲郑卫：指郑卫之音。春秋时郑卫两国的民间音乐，因不同于雅乐，被儒家斥为“乱世之音”，也泛指靡靡之音。⑳“剪叶”句：《史记·晋世家》：“成王与叔虞戏，削桐叶为珪以与叔虞，曰：‘以此封若。’史佚因请择日立叔虞，成王曰：‘吾与之戏耳。’史佚曰：‘天子无戏言。言则史书之……’于是遂封叔虞于唐。”㉑“凤皇”句：古代传说，凤凰只栖息于梧桐树。㉒岩坰（jiōng）：野外的岩石旁。㉓丹庭：皇宫。

作者简介

白居易：见前。

刺桐花

刺桐，乔木或灌木。枝上有刺。叶为三出羽状复叶，有托叶和小托叶。总状花序，腋生，花排列紧密。萼佛焰苞状，红色，分裂至茎的基部处；或钟状而成二唇形。花冠红色，

花瓣不等长，旗瓣比翼瓣和龙骨瓣大，其中翼瓣最短。子房基部有鞘状花盘，花柱稍上弯，上部无毛。荚果，带形，种子间收缩或成棱状弯曲。

泉州刺桐花咏，兼呈赵使君之二

南唐·陈陶

海曲春深满郡霞[①]，越人多种刺桐花[②]。可怜虎竹西楼色[③]，锦帐三千阿母家[④]。

释义

①海曲：海滨。泉州在福建，靠海。②越人：福建古为闽越。③可怜：可爱。虎竹：铜虎符与竹使符。汉代曾用铜虎符发兵，用竹使符征调。④锦帐：比喻刺桐花。阿母家：王母家。喻仙境。

作者简介

陈陶（812？—885？）：字嵩伯，南唐鄱阳（今江西鄱阳）人。大中时，游学长安，后归隐南昌西山。工诗，兼通道教佛教，自号“三教布衣”。善天文历象，以修养炼丹为事。其诗《陇西行》“誓扫匈奴不顾身”一句为世传诵。

木槿花

木槿，落叶灌木或小乔木。株高2～6米。小枝幼时具柔毛，后变为光滑。叶卵形或菱状卵形，长5～10厘米，具3主脉，裂缘缺刻状，基部楔形或圆形，叶柄长1～2厘米。

花单生，具短柄，通常有红紫各色，少有白色及重瓣。花钟形，直径6～10厘米，朝开暮落。副萼6～7片，线形。萼具不等长线状裂。蒴果长圆形。花果期7—9月。

朱槿花二首之一

唐·李商隐

莲后红何患[1]？梅先白莫夸[2]。才飞建章火[3]，又落赤城霞[4]。不卷锦步障[5]，未登油壁车[6]。日西相对罢，休浣向天涯[7]。

释义

①“莲后”句：莲花、木槿皆在阳历7月初开，花开相续。②“梅先”句：梅花一年之中最早开放，到了7月已无花，不要再夸口开得早了。③建章火：汉代长安有建章宫，武帝太初元年（公元前104）柏梁殿大火烧毁。此处比喻槿花如火般红。④赤城：传说中的仙境。

⑤锦步障：即屏风。才女谢道韫嫁王羲之子凝之。《晋书·列女传·谢氏》载："凝之弟献之尝与宾客谈议，词理将屈，道韫遣婢白献之曰：'欲为小郎解围。'乃施青绫步障自蔽，申献之前议，客不能屈。"此以美女比木槿花。⑥油壁车：古代有围幔的小车，多为女子所乘坐。⑦"休浣"句：休息沐浴洗衣后到别处去。

作者简介

李商隐：见前。

紫 芝

又称黑芝、玄芝。为多孔菌科真菌。菌盖木栓质，多呈半圆形至肾形，少数近圆形，大型个体长宽可达 20 厘米，一般个体为 4.7 厘米 ×4 厘米，还有更小的。

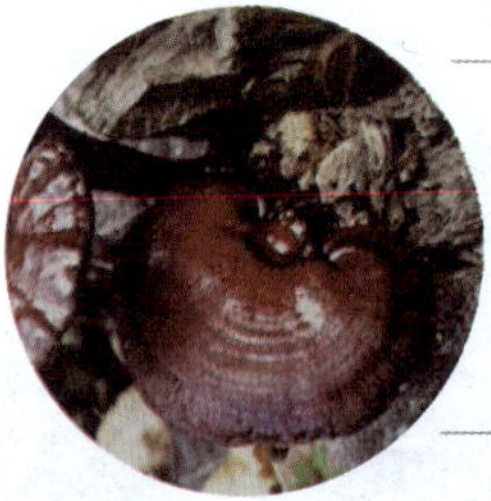

表面黑色，具漆样光泽，有环形同心棱纹及辐射状棱纹。菌管管口锈褐色，圆形，密集。菌柄侧生，长可达 15 厘米，直径约 2 厘米，黑色，有光泽。夏秋之交多生于阔叶树木桩旁地上或松木上，或生于针叶树朽木上。其形状、药用功效全同灵芝。

紫芝不用事

元·马祖常

霞缬盘华盖[①]，天葩擢裔云[②]。孕灵非有种，掞藻忽成文[③]。冠矗仙裁羽，缨垂女制裙[④]。原田多众草，独尔擅细缊[⑤]。

释义

①霞缬（xié）：有彩霞花纹的丝织品。华盖：这里指菌盖。②“天葩”句：天生的花朵如同变幻的云朵。③掞（shàn）藻：发舒文采。④“冠矗”二句：菌盖直上，如同仙裁羽冠；盖沿下舒，如同女人的裙。⑤细缊（yīn yūn）：浓烈的香气。

作者简介

马祖常（1279—1338）：元代文学家。字伯庸，世为雍古部，居靖州天山（在今新疆）。他的高祖在金末为凤翔兵马判官，子孙因以马为姓。马祖常在元代元统中任御史中丞等职，后辞官归光州，有《石田集》传世。

木 香

别名云木香、广木香，菊科。多年生草本，高 1.5 ~ 2 米，主根粗大。茎被稀疏短柔毛。茎生叶有长柄，叶片三角状卵形或长三角形，长 30 ~ 50 厘米，宽 15 ~ 30 厘米，基部心形，下延呈不规则分裂的翅状，边缘是不规则微波状或浅裂并具稀疏的刺，

两面有短毛；茎生叶基部翼状抱茎。头状花序顶生和腋生，花序直径约 3 厘米，常数个集生于花茎顶端，总苞片约 10 层，花冠暗紫色，5 裂，雄蕊 5，聚药；子房下位，花柱

伸出花冠外。瘦果长锥形，上端有两层羽状冠毛。花期7—8月，果期8—10月。多栽培于海拔2500米以上的高山。

木香

金·长筌子

春光将欲老，繁卉乍离披[①]。羽客能幽植[②]，木香正及时。瑞云凝蓓蕾，绿叶秀囊垂。似雪还多萼，如酥却有姿[③]。粉囊开小槛，玉蕊映疏篱。旖旎风前异[④]，鲜明月下宜。芬芳招胜览，点缀更无私。偏称贤良赏[5]，不须蜂蝶知。精神因淑景，标格压繁枝。香气沾人袂，清阴胜绣帷。何人怜寸晷[6]，独我赴佳期。奇奇奇莫比，寻常红紫窥[7]。

释义

①离披：下垂，衰败的样子。②羽客：指神仙或方术士。③如酥（sū）：如奶酪，色洁白。④旖旎（yǐ nǐ）：随风摇摆貌。⑤称（chèn）：适合。⑥寸晷（guǐ）：同寸阴。指花开最盛之时。⑦“寻常”句：怎能将它当作寻常的花来观赏呢。

作者简介

长筌子：是道号，姓名无考，金代全真道士。正大八年（1231），避居泌阳（今河南唐河县）。著有《洞渊集》《元始天尊说太古经注》等。

冬青花

冬青，一名女贞木，常绿小乔木或灌木。株高可达 8 ~ 10 米。枝条光滑。叶对生，卵形至卵状披针形，长 7 ~ 18 厘米，全缘，先端渐尖或急状，常具尾尖，基部渐狭，具短柄，暗绿色。圆锥花序直立，长可达 20 ~ 25 厘米，花小，高脚杯状，花冠筒与花冠裂片几等长，花冠 4 裂。花期 7—8 月，果期 9—10 月。核果浆果状。

冬青花

宋·林景熙

序：冬青，一名女贞木，一名万年枝。汉宫尝植，后世因之，宋诸陵亦多植此木。

冬青花，花时一日肠九折[①]。隔江风雨清影空，五月深山护微雪[②]。石根云气龙所藏，寻常蝼蚁不敢穴。移来此种非人间，曾识万年觞底月[③]。蜀魂飞绕百鸟臣[④]，夜半一声山竹裂。

释义

①“花时”句：看到花开，十分欣喜，想到过几天就会花落，未免又极其痛心。②微雪：喻冬青开满枝头的小白花。③觞（shāng）：酒杯。此句说曾识万年前的月亮，不言而喻冬青是仙物。④蜀魂：杜鹃鸟。百鸟臣：传说杜鹃是古蜀望帝杜宇精魂所化，杜鹃鸟不自孵卵，将卵生在其他鸟的巢中，其他鸟就代孵。也像鸟中的君臣了。

作者简介

林景熙（1242—1310）：宋末元初人，字德阳，号霁山，家住平阳（今浙江）。咸淳辛未(1271)年，由太学卒业，授泉州教官，历礼部架阁，转从政郎。宋亡不仕，客于会稽王修竹家。正遇上杨琏真伽盗掘宋陵，林景熙得了宋高宗、孝宗两函骨殖，与唐珏收得者同葬于兰亭，栽冬青以作标志。庚戌，卒于家，年六十九。所居在白石巷，诗集名《白石樵唱》。

昙　花

玉蕊花，一作玉蘂花，又名琼花（福建的漳州、长泰、莆田、福州皆称琼花），学名昙花。多年生直立灌木，高 0.6 ~ 2 米。主干圆柱状，分枝扁平，肉质，无刺，

分为多数叶状长节，阔条形，长 15 ~ 35 厘米，宽约 5 厘米，绿色，边缘波浪状，有一粗壮的中肋，无叶。花单生于节的边缘，大而美，白色，长 15 ~ 25 厘米，基部筒状，上部分裂成花瓣状，下部的裂片较小。夏秋开花。开花时间很短，所以有“昙花一现”这一成语。我国唐

代已发现昙花，明代从外国引进的昙花和中国原种大同小异。花茎入药。

招隐山观玉蕊树戏书即事奉寄江西沈大夫阁老

唐 · 李德裕

题注：此树吴人不识，因予尝玩，乃得此名。

玉蕊天中树，金闺昔共窥。落英闲舞雪，密叶乍低帷。旧赏烟霄远，前欢岁月移。今来想颜色，还似忆琼枝。

作者简介

李德裕（787—850）：字文饶，赵郡（今河北赵县）人。李吉甫之子。出身世家，主张大臣应用公卿子弟。历任浙西观察使、西川节度使，唐武宗时居相位，力主削弱藩镇，曾佐武宗讨平擅自袭任泽潞节度使的刘稹。他反对李宗闵、牛僧孺集团，是“牛李党争”中的李派首领。后遭牛派打击，贬崖州（在今海南岛）司户而死。著有《次柳氏旧闻》《会昌一品集》。

蜀葵花

蜀葵，俗称熟季花，多年生草本。茎直立，高可达 3 米，塔形，具毛。叶大，粗糙而皱，圆心形，具 5 ~ 7 浅裂或波状边缘，具长柄。花为总状花序，花大，直径达 7.5 厘米以上，

近无柄，花冠漏斗状，扩展似喇叭，有红、紫、黄、白等各色，十分鲜艳，并有单瓣或重瓣品种。花期 7—8 月。

蜀葵

唐·徐夤

剑门南面树[①]，移向会仙亭。
锦水绕花艳[②]，岷山带叶青[③]。
文君惭婉娩[④]，神女让娉婷[⑤]。
烂熳红兼紫，飘香入绣扃[⑥]。

释义

①剑门：剑门山，在今四川北部，长70余公里，主峰大剑山在剑阁县北。②锦水：锦江，即今四川成都市南走马河。③岷山：在今四川松潘县北，山顶终年积雪。以上二句，锦江环绕鲜艳的蜀葵花流连不舍，隔着蜀葵花远望岷山，绿叶遮蔽了白雪。④文君：卓文君，西汉临邛（今四川邛崃）人，大富豪卓王孙女，善鼓琴。

丧夫后家居。卓王孙宴请县令和司马相如，司马相如鼓琴，“以琴心挑之”，并重赐卓文君侍女通殷勤，一起逃往成都。婉娩（wǎn）：容貌媚好。⑤神女：即巫山神女。宋玉《高唐赋》《神女赋》中所塑造的形象。住在巫山之阳，朝为行云，暮为行雨，朝朝暮暮，阳台之下。与楚襄王梦中幽会。娉婷：身材苗条。⑥绣扃（jiōng）：精美的门户。

作者简介

徐夤（yín）：字昭梦，唐末莆田（今属福建）人，登乾宁（894—898）进士，授秘书省正字，后依王审知，因礼待简略，遂拂衣而去，归隐延寿溪。著有《探龙》《钓矶》二集。

木芙蓉

落叶灌木或小乔木。株高可达 5 米，具星状毛。叶掌状，端 3 ~ 5 浅裂，有的 7 裂，裂片三角形，端尖，边缘有钝锯齿，基部心形。花腋生，花梗细长，长约 8 厘米，副萼 10，线形，短于萼。花直径 7.5 ~ 10 厘米，5 瓣，初为白色或粉红色，后变深红色。7—8 月开花。

木芙蓉

唐·韩愈

新开寒露丛，远比水间红，艳色宁相妒，嘉名偶自同。采江秋节晚[1]，搴木古祠空[2]。愿得勤来看，无令便逐风。

释义

①采江：江上采水芙蓉。②“搴(qiān)木”句：在空旷的古庙里采折木芙蓉。

作者简介

韩愈（768—824）：字退之，河南河阳人（今孟州市）。昌黎是韩姓的郡望。幼孤，依兄嫂，刻苦力学，德宗贞元进士。任监察御史时，因上书言事，被贬阳山令。顺宗继位，因大赦，移江陵府参军。宪宗元和十四年（819），任刑部侍郎时，因上表谏迎佛骨，大触宪宗之怒，欲加极刑，经裴度、崔群奏请宽减，乃贬潮州刺史，后复招回。

韩愈是唐代古文运动的倡导者，唐宋八大家之首。他的碑文竟是后代碑文的范本。他的一生，行事也颇特异，两受贬斥而倔强如故，己虽厚禄犹关心孤寒，对冥顽不灵的鳄鱼却欲以一纸祭文驱之，力排佛法却爱与僧人交游。著有《韩昌黎文集》。

人 参

多年生草本。茎直立，单一。掌状复叶轮生茎端，一年生为一枚三出复叶，二年生为一枚五出复叶，以后每年递增一叶，4～6年生为3～5片五出复叶；

叶椭圆形，先端渐尖，叶脉明显；叶柄长。伞形花序顶生，花小，淡黄绿色。果扁球形，熟时鲜红色。花期6—7月，果期7—9月。

人参主根肉质，圆锥形或纺锤形，长6～9厘米，多须根；直径1～3厘米，上端有根茎（芦头，像人的头），具碗状茎痕（芦碗）4～6

个，下部分出 2～4 支根，像人的臂或腿。微具特异香气。中医入药，大补元气。

人参

宋·苏轼

上党天下脊①，辽东真井底。玄泉倾海腴②，白露洒天醴③。灵苗此孕毓④，肩股或具体⑤。移根到罗浮⑥，越水灌清泚⑦。地殊风雨隔，臭味终祖祢⑧。青桠缀紫萼⑨，圆实堕红米。穷年生意足⑩，黄土手自启。上药无炮炙[11]，龁啮尽根柢[12]。开心定魂魄，忧恚何足洗？糜身辅吾生[13]，既食首重稽[14]。

释义

①上党：今山西长治。古为上党郡，其党参最有名。②玄泉：瀑布。玄通悬。③醴：这里指甜水。④孕毓(yù)：孕育，成长。⑤“肩股”句：人参长得有肩有腿的模样。⑥罗浮：在今广西东兴东。⑦清泚（cǐ）：清澈。⑧臭（xìu）味：气味。祖祢（nǐ）：继承。⑨桠（yā）：杈。⑩生意足：生长强劲。⑪上药：上品药。⑫龁啮（hé niè）：咀嚼。原始的巫医对块大的草药用牙咬断，称“㕮咀”，后来才有切片。⑬糜身：指人参粉身碎骨。⑭首重稽（qǐ）：再叩头，表示感谢。

作者简介

苏轼：见前。

蘘 荷

蘘（ráng）荷，有红白二种，白色入药，红色可作腌菜。其形极似芭蕉。又称“阳藿”。多年生草本。初春生苗，叶丛生，似芭蕉，排成两列，披针形。

夏季从叶丛中抽出穗状花序，花被淡黄色，花下有鳞片状包片，夏秋开花，花白色或红色。花穗和嫩芽可供食用。根似姜芽而肥壮，其叶冬枯，根似姜，入药。人突然中了热气、毒气、邪气，及疟疾、溪毒、蛇毒等，将其根捣汁服之可愈。

种白蘘荷

唐·柳宗元

皿虫化为疠[①]，夷俗多所神。衔猜每腊毒[②]，谋富不为仁[③]。蔬果自远至，杯酒盈肆陈。言甘中必苦，何用知其真。华洁事外饰，尤病中州人。钱刀恐贾害，饥至益逡巡[④]。窜伏常战栗[⑤]，怀故逾悲辛。庶氏有嘉草[⑥]，攻禬事久泯。炎帝垂灵编[⑦]，言此殊足珍。崎岖乃有得，托以全余身。纷敷碧树阴[⑧]，眄睐心所亲[⑨]。

释义

①皿虫化为疠："皿"上加"虫"即"蛊(gǔ)"字。蛊指湖南等南方之地，人中了热气、毒气、邪气、溪毒等而病，即是中了蛊毒。疠：病。②衔猜每腊毒：得病者每每猜疑衔恨腊肉有毒。③谋富不为仁：指蛊毒为富不仁，太厉害了。④"蔬果"句至"饥至"句：市场上罗列着远方来的蔬菜、水果、酒浆等可食可饮之物，整理得干干净净。卖者口夸不绝。北方来的人吃了更易得病。买了怕受害，饿了却在那儿徘徊。钱刀：钱。贾(gǔ)：买。逡巡：徘徊。⑤窜伏：柳宗元初被贬永州司马，后改为柳州刺史，终死在那里。两地皆在湖南南部。⑥庶氏：职务名。《周礼·秋官·庶氏》："庶氏掌除毒蛊。以攻说禬之，嘉草攻之。"攻说(shuō)：古祭祀名。禬(guì)之：消除疾病。嘉草：指白蘘荷。⑦"炎帝"句：相传炎帝著《本草》。灵编即指《本草》。⑧纷敷：纷披茂盛。⑨眄睐：看了又看。

作者简介

柳宗元：见前。

向日葵

秋葵，今称向日葵，一年生草本。株高1～3米，茎直立，粗壮，被白色粗硬毛，不分枝，有的上部分枝。叶互生，极大，心状卵形或卵圆形，先端锐尖或渐尖，有基出三脉，边缘具粗锯齿，两面被短糙毛，有长柄。头状花，极大，直径10～30厘米，单生于茎顶或枝端，下倾。总包片多层，叶质，覆瓦状排列，卵形至卵状披针形，被长硬毛或纤毛。花托平。舌状花（即花瓣）多数，黄色，舌片开展成花瓣，不结实。管状花（即花心）极多，棕色或紫色，结果，果（瓜

子）螺旋形排列有序。花期7—9月，果熟8—9月。花骨朵初成，便从早至晚倾向太阳，是因其背日面比向日面长得快。

秋葵

唐·唐彦谦

月瓣团栾剪赭罗①，长条排蕊缀鸣珂。倾阳一点丹心在，承得中天雨露多。

释义

①团栾：圆。赭（zhě）罗：暗红色的绫罗。比喻葵花。

作者简介

唐彦谦：见前。

芎 䓖

芎䓖（xiōng qióng），因产于四川者最好，称“川芎”，川芎便成了芎䓖的代称。多年生草本，高 30 ~ 70 厘米，茎常丛生，直立，中空，具纵棱，

基部的节明显膨大成盘状，夏秋时略带紫色。2 ~ 3 回羽状复叶互生，小叶 3 ~ 5 对，边缘具不整齐的羽状全裂或深裂，先端尖；叶柄长，基部成鞘状抱茎。复伞形花序顶生，伞辐 10 余条，长 7 ~ 20 厘米；花梗长 10 ~ 24 厘米，花小，白色，花 5 瓣，椭圆形。双悬果，

卵形，5 棱，有窄翅。7—8 月开花，8—9 月果熟。根状茎呈不规则的结节状拳形团块，外皮黄褐色，有香气，是著名中药。

和子由记园中草木十一首其八

宋 · 苏轼

芎䓖生蜀道，白芷来江南①。漂流到关辅②，犹不失芳甘。濯濯翠茎满③，愔愔清露涵④。及其未花时，实可资筐篮⑤。秋节忽已老，苦寒非所堪。劚根取其实⑥，对此微物惭。

释义

①白芷：香草名。夏季开伞形白花，果实长椭圆形，根入药，有镇痛作用，古以其叶为香料。②关辅：指函谷关、崤关以内和三辅地区，即唐时京城长安（今陕西西安）一带地方。③濯濯（zhuó zhuó）：肥壮光亮貌。④愔愔（yīnyīn）：静静的。⑤资筐篮：谓可食。⑥劚（zhú）：挖。

作者简介

苏轼：见前。

红蓼花

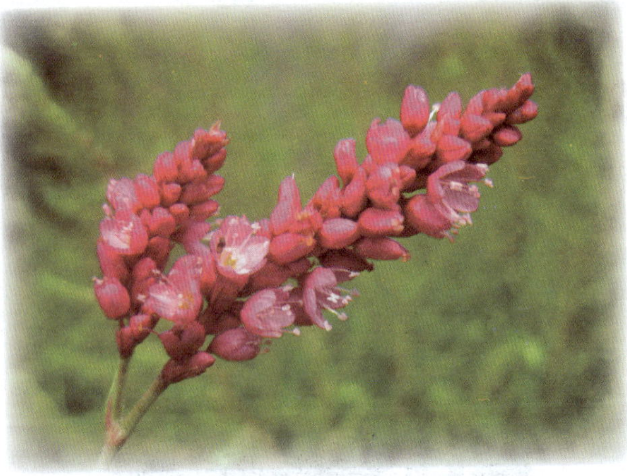

红蓼，俗称狗尾巴花。一年生草本。根粗壮。茎直立，粗壮，节部稍膨大，中空，上部分枝多，密生柔毛，叶宽卵圆形，宽披针形或近圆形，长 7 ~ 20 厘米，宽 4 ~ 10 厘米，先端渐尖，基部圆形或略呈心脏形，全缘；有的呈浅波状，两面被毛，脉上毛较密。圆锥花序顶生或腋生，长短不一，长的近 10 厘米。苞片卵形，具长缘毛，每苞片内长有多数相继开放的小白花或小粉红花，密集成穗，花开时下垂。花瓣 5 枚，椭圆形。

花期7—9月，果期9—10月。植株高大，花密集红艳，供观赏。果实入药，称“水红花子”。

蓼花

唐·郑谷

簇簇复悠悠，年年拂漫流。差池伴黄菊，冷淡过清秋。晚带鸣虫急，寒藏宿露愁。故溪归不得，凭仗系渔舟。

作者简介

郑谷：见前。

薏苡

又称药玉米、川谷，北方俗称为草珠子。高大一年生草本。茎直立，高 1 ~ 1.5 米，约有 10 节。叶鞘光滑，叶片线状披针形，长达 30 厘米，宽 1.5 ~ 3 厘米。总状花序，腋生成束，长 6 ~ 10 厘米，直立或下垂。具总梗。花单性，雌雄同株，雌小穗位于花序下部，雄小穗常 3 个着生于一节，生于花序上部，花极小。果实成熟时，总苞坚硬具珐琅质，卵形或卵状球形，淡褐色，有光泽。将果穿成串作门帘，也称“珠帘”。花果期 7—10 月。颖果富含淀粉，可食，并可入药，称薏苡仁。

薏苡

宋·苏轼

伏波饭薏苡，御瘴传神良。能除五溪毒，不救谗言伤[1]。谗言风雨过，瘴疠久亦亡。两俱不足治，但爱草木长。草木各有宜，珍产骈南荒。绛囊悬荔支[2]，雪粉剖桄榔[3]。不谓蓬荻姿，中有药与粮。春为芡珠圆[4]，炊作菰米香[5]。子美拾橡栗[6]，黄精诳空肠[7]。今吾独何者，玉粒照座光。

释义

①“伏波”四句：后汉初，伏波将军马援，征讨交阯（五岭以南）五溪蛮叛乱，在当地，马援吃薏苡以抵御瘴疠之气，又能轻身。交阯薏苡粒大，马援想用作种，军还，载之一车。京城之人以为是南方的珍宝，权贵皆恨之。当时马援正得皇帝之宠，所以还无人敢上书言此事。待马援去世后，有人上书告御状，说以前车载之物，皆明珠文犀，马援妻子满狱。后来予以昭雪。这是史上有名的“薏苡之谤”。②“绛囊”句：用荔枝比喻薏苡果下垂之状。③桄榔：热带亚热带高大常绿乔木。羽状复叶，小叶狭而长，肉穗花序的汁可制糖，树干中芯髓可制淀粉。④芡（qiàn）珠：芡的果实，经碾磨可制成淀粉。⑤菰米：菰，水生多年生草本植物，地下茎为茭白。结子称菰米，可磨成面而食用。又称雕胡米。⑥“子美”句：子美，杜甫的字。杜甫《乾元中寓居同谷县作歌七首》之一：“有客有客字子美，白头乱发垂过耳。岁拾橡栗随狙公，天寒日暮山谷里。”⑦黄精：药草名。多年生矮生草木，中医以根茎入药，古人认为黄精能益寿延年。

作者简介

苏轼：见前。

槐　花

槐，落叶高大乔木，株高可达 25 米。树皮暗灰色或黑褐色，成块状裂。小枝绿色，有明显黄褐色皮孔。叶轴上有小叶 7 ～ 15 枚，卵状长圆形或卵状披针形，长 3 ～ 6.5 厘米，宽 1.2 ～ 3 厘米，先端急尖，基部圆形或宽楔形。圆锥花序顶生，有柔毛，花黄白色，具短梗，有香气，花冠蝶形，旗瓣近圆形，先端凹，基部具短爪，有紫脉纹，翼瓣与龙骨瓣近等长，形相同，具 2 耳。荚果，念珠状，长 2 ～ 8 厘米，直径 1 ～ 1.5 厘米。种子 1 ～ 6 粒，肾形，黑褐色。花期 7—8 月，果期 10 月。槐花蜜是中国一级蜜。

槐花

唐·罗邺

行宫门外陌铜驼[1]，两畔分栽此最多。欲到清秋近时节，争开金蕊向关河。层楼寄恨飘珠箔[2]，骏马怜香撼玉珂[3]。愁杀江湖随计者[4]，年年为尔剩奔波[5]。

释义

①行宫：指洛阳。陌铜驼：即铜驼陌，即铜驼街。在今河南洛阳市故洛阳城中，因道旁曾有汉铸铜骆驼两匹相对而得名。②“层楼”句：古有“槐花黄，举子忙”之谚。谓举子参加省城或京城的秋试。举子离家，妻子思想怅惘。恨：遗憾。③“骏马”句：举子来到洛阳或离开洛阳，骑着骏马，也喜爱槐花香气，但不能久驻，

只好打马前行。玉珂：马的佩饰。④随计者：计指上计吏。古代，每年年末，地方州、府、道要派人向朝廷汇报一年政绩得失，被遣的官员称“上计吏”。《史记·儒林列传》载：公孙弘为学官，建议朝廷命地方官推举好文学，敬长上……之年轻人，上报给朝廷，朝廷考察属实，便让被推举之人跟随上计吏至京城“太常”读书。后遂以“随计”指举子赴试。⑤“年年”句：进京赴考的举子，每年都在槐花黄的时候奔波于途。

作者简介

罗邺：唐末余杭（今属浙江）人。父为盐铁小吏。在咸通、乾符中，诗很有名，与兄罗隐、罗虬合称“三罗”。累举进士不第，光化（898—901）中，以韦庄奏请，追赐进士及第，赠官补阙。有诗传世。

鸡冠花

一年生草本。植株无毛。茎直立，粗壮，株高可达1.2米，不分枝。叶卵形或卵状披针形，长5～13厘米，宽2～6厘米，顶端渐尖，基部渐狭，全缘。花顶生，密生成扁平肉质鸡冠状、卷冠状，又有羽毛状的穗状花序，称千穗鸡冠。

花极小，苞片、小苞片和花被片皆红色，也有紫色、黄色、淡红色者。花果期7—10月。10月，各种花卉皆开过枯萎了，唯鸡冠还矗立在花园里。

鸡冠

宋·孔平仲

我初种鸡冠，其小乃毫芒。曾未得几时，忽已过我长。根株既猥大[1]，枝叶亦开张。吐花凌朝曦，生意殊未央[2]。阴风自西来，惨淡驱清霜。一夜忽变故，叶萎花已黄。当此繁盛时，为尔偿壶觞。及今乃腐草，好玩安可常。呼童尽剪拔，昔恐践踏伤[3]。庭除稍旷阔，耳目加清凉。竹枝久蒙蔽，迥立独苍苍[4]。

释义

①猥大：粗大。②未央：未停。③昔：疑是惜之误。④迥立：直立。

作者简介

孔平仲：北宋新喻（今江西新余县）人，字义甫，举进士，为集贤校理。绍圣（1094—1098）间被弹劾讥毁先朝，贬知衡州，又因不推行“常平法”，贬为惠州别驾。徽宗登基，党争再起，被贬主管兖州景灵宫。长于史学，工文辞，有《续世说》《良世事证》等著作。

虎刺梅

虎刺梅，又称铁海棠、虎刺。多刺直立或稍攀缘灌木。刺，钻形，长 1 ~ 2.5 厘米，坚硬。叶倒卵形或长圆状匙形，长 2.5 ~ 5 厘米，宽 1 ~ 2 厘米，先端圆，有突尖，基部楔形，

无叶柄。嫩枝上的叶早脱。聚散花序杯状，2 ~ 4 枚生于枝的顶端，排列成二歧聚伞药序。总苞钟状，顶端 5 裂，总苞基部具苞片，苞片鲜红色，倒卵状圆形，直径 1 ~ 1.2 厘米。蒴果，扁球形。花期 7—8 月，温室内冬季也能开花。

题盆中虎刺

清·陈璧

一枝古木郁扶苏[1]，人拟云林旧画图[2]。树树叶擎新绿玉[3]，枝枝针缀活珊瑚[4]。萧疏溪径藏活谷，尖削峰头似小姑[5]。缩地游神探至趣[6]，盆中具有大江湖。

释义

①扶苏：枝叶繁茂分披的样子。②云林：倪瓒（1301—1374），元代大画家。初名珽，字泰宇，后改元镇，号云林子，无锡人。性好洁而迂僻，人称“倪迂”。擅画山水，多以水墨为之。与黄公望、吴镇、王蒙合称“元

四家”。存世画迹有《雨后空林图》等多幅。③绿玉：喻叶。④珊瑚：喻针刺花。⑤小姑：小孤山，在今安徽宿松县城东南长江中，一峰独立，圆如椎髻，南岸与彭浪矶相对。⑥缩地：传说中，能化远为近的神仙术。

作者简介

陈璧：字昆良，别号雪峰，生于1605年，明末清初江苏昆山生。他痛恨腐败的南明王朝，痛恨清兵入侵，很有民族气节，依附东林党的复社，与明末清初的大家、学者都有交往。入清不仕，为明末遗老。所存残稿二卷，存苏州大学图书馆。

枸　杞

落叶灌木。株高1米多，枝条细长，常弯曲或俯垂，老干上有刺，人工莳养必搭架。叶互生或簇生于短枝上，叶片卵形、卵状菱形或卵状披针形，全缘；叶柄长0.3～1厘米。

花常1～4朵簇生于叶腋，花冠漏斗状，淡紫色，5深裂，裂片卵形，边缘具缘毛。浆果，卵状或长圆状，红色，中医入药。花期6—9月，果期8—11月。

井上枸杞架

唐·孟郊

深锁银泉甃[①]，高叶架云空。不与凡木并，自将仙盖同。影疏千点月，声细万条风[②]。迸子邻沟外，飘香客位中。花杯承此饮，椿岁小无穷[③]。

释义

①"深锁"二句：井绳深深地垂到井下，枸杞架高高地竖在井上。甃（zhòu）：井壁。②"影疏"二句：枸杞的叶疏疏密密，透过的月光照在地上，零零碎碎，千点万点；细长的枝条，迎着风似乎也发出细细的风声。③椿岁：用《庄子》的典故，年岁如椿，比喻长寿。《庄子·逍

遥游》："上古有大椿者，以八千岁为春，八千岁为秋。"因其高龄，后用以喻长寿。

作者简介

孟郊（751—814）：字东野，湖州武康（今浙江德清县）人。四十六岁才中进士，其欣喜之情，可于《登科后》的"春风得意马蹄疾，一日看尽长安花"两语中见之。越四年，任溧阳县尉，由于不能舒展他的抱负，遂放迹林泉间，徘徊赋诗，以致公务多废，县令乃以假尉代之。晚年生活，多在洛阳度过。宪宗元和九年(814)，河南尹郑余庆再度招他往兴元府任参军，乃偕妻往赴，行至阌（wén）乡县，暴疾而卒。孟郊仕历简单，清寒终身，耿介倔强。其《游子吟》，写游子之心与慈母之爱，情词真挚动人。

菖蒲

多年生水生草本。有特殊香气。叶剑状线形，长50～150厘米，宽1～3厘米。其花苞为佛焰苞叶状，长30～40厘米。肉穗花序狭圆柱形，长5～8厘米，甚至更长，肉穗花序顶端有一长长的棒状附属物。花很小，淡黄绿色，密生。

花被片6，倒卵形。浆果长椭圆形。花期6—7月，果期8月。根入药，蒲叶可编草鞋、蒲席、船帆。蒲绒可做枕芯。

蒲

唐 · 徐夤

濯秀盘根在碧流[1]，紫茵含露向晴抽。编为细履随君步，织作轻帆送客愁。疏叶稍为投饵钓[2]，密丛还碍采莲舟。鸳鸯瀏鶒多情甚[3]，日日双双绕傍游。

释义

①濯：洗。②“疏叶”句：长叶弯曲到水，好像在钓鱼。③瀏鶒（xī chì）：紫鸳鸯。

作者简介

徐夤：见前。

荷 花

荷花，又称莲花、芙蓉。多年生水生草本。株高1～2米。地下根茎即藕。叶基生，叶柄长，圆柱形，中空，具黑色坚硬小刺。叶片圆形，四周上翘，中心凹下似盾，直径25～90厘米，波状全缘，挺出水面，大多高于水面，上面粉绿色，有绒毛，水滴上皆成珍珠状；下面淡绿色，叶脉明显，放射状。花大，直径10～25厘米，粉红色或白色，花瓣多层，舒展，芳香。莲蓬为圆锥形，内有多数莲子。花供观赏，藕可食。藕、藕节、叶、叶柄、莲蕊、莲房皆可入药。

赋得芙蓉出水

唐·贾謩

的皪出芳艳[1]，红姿映绿苹。摇风开细浪，出沼媚清晨。翻影初迎日，流香暗袭人。独披千叶浅，不竞百花春。鱼戏参差动，龟游次弟新[2]。涉江如可采，从此免迷津。

释义

①的皪（lì）：珍珠闪光的样子。②次第：连续，接连。

作者简介

贾謩（mó）：唐宪宗元和（806—821）进士。今存诗一首。

凤仙花

凤仙，又称指甲草。一年生草本。株高80厘米。茎叶多汁，近光滑。叶狭披针或阔披针形，端尖，基楔形，边缘具尖锯齿。花红色、淡黄色、白色或紫色，

单生或数朵簇生于叶腋，下垂。花萼距向下弯曲，有蜜，2侧片宽卵形，疏生柔毛。中央花瓣大，圆形，先端凹，两侧瓣宽大，2裂。蒴果，尖卵形，具绒毛，熟时弹裂。花期7—9月，果期8—10月。

凤仙花

唐·吴仁璧

香红嫩绿正开时，冷蝶饥蜂两不知。此际最宜何处看？朝阳初上碧梧枝。

作者简介

吴仁璧：生卒年不详。字廷宝。唐昭宗大顺年间（890—892）登进士第。家贫，常乞于市。入浙谒钱镠，钱镠知其名，待以客礼，叩以天象，辞以不知。又欲辟其入幕，坚辞不从，钱镠一气之下将他投入江中，溺死。

葡　萄

多年生落叶木质藤本。用卷须攀缘。掌状叶，大，3 ~ 5 缺裂。复总状花序，通常呈圆锥形。浆果多为圆形或椭圆形，色泽随品种而异，有紫、绿、暗红各色，有白霜。4—5 月开花，5—7 月结果，8 月果熟。

葡萄歌

唐·刘禹锡

野田生葡萄，缠绕一枝蒿。移来碧墀下[1]，张王日日高[2]。分岐浩繁缛[3]，修蔓蟠诘曲。扬翘向庭柯，意思如有属[4]。为之立长架，布濩当轩绿[5]。米液溉其根，理疏看渗漉[6]。繁葩组绶结[7]，悬实珠玑蹙[8]。马乳带轻霜[9]，龙鳞曜初旭[10]。有客汾阴至[11]，临堂瞪双目。自言我晋人，种此如种玉。酿之成美酒，令人饮不足。为君持一斗，往取凉州牧[12]。

释义

①墀（chí）：台阶。②张王：疑是“长旺”之误。③分岐：同分歧，分杈。④属（zhǔ）：依托。⑤布濩（hù）：布散；四布。⑥理疏：指疏松土壤。⑦“繁葩”句：密集的花像腰带打成的结。组授：腰带。⑧珠玑：珍珠圆者称珠，不圆者称玑。蹙：紧挨在一起。⑨马乳：马的乳头，比喻葡萄。⑩龙鳞：比喻葡萄一个个紧挨如龙鳞。⑪汾阴：在今山西省万荣县境内。⑫“为君”二句：我拿一酒杯，去凉州太守那里取葡萄酒来。

作者简介

刘禹锡：见前。

雁来红

学名苋（xiàn），别名三色苋，江、浙等省又称作“老少年”。一年生草本。株高14～45厘米。茎粗壮，常分枝，绿色或红色。叶卵状椭圆形至披针形，

长4～10厘米，宽2～7厘米，中下部叶绿色，近顶部叶常呈红色、紫色、黄色或杂有其他颜色，远远望之如花。叶先端钝尖，稍有微缺，叶基沿叶柄下延，叶全缘或略呈波状缘，两面无毛，下面叶脉隆起，叶柄长2～6厘米。花密集成簇，花簇圆球形，腋生，或集成腋

生花穗，在茎顶侧集成断续状之顶生穗状花序，下垂。花红色，极小。花期 5—8 月，果熟 7—9 月。8 月，顶叶已变色，供观赏。嫩茎叶可作蔬菜。

戏咏老少年

清·赵翼

野质同藜苋[1]，长依六枳笆[2]。谁知老逾少，能以叶为花。点缀秋容淡，飞腾暮景斜。由来后凋色[3]，不肯斗春花。

自是寒能健，休嗤老尚童。鸡皮三少候[4]，鹤顶百年功[5]。晚照散余绮，衰颜发醉红。西风黄叶里，暗慰白头翁。

释义

藜苋（xiàn）：都是野草，也都是野菜，嫩时可食。藜，俗称灰菜；苋即苋菜。②枳（zhǐ）笆：枳木枝的篱笆。枳，也称臭橘，落叶灌木或小乔木。③后凋：《论语·子罕》："岁寒，然后知松柏之后凋也。"④鸡皮：指老年人起皱的皮肤。这里指老年人。雁来红又称老少年。三少：谓三度返老还童。⑤鹤顶：红顶。

作者简介

赵翼：见前。

杜 梨

又称棠梨，落叶乔木，株高10米。枝常具刺，小枝老时无毛，或具稀疏毛，紫褐色。叶菱状卵形至长圆形，长4～8厘米，宽2.5～3.5厘米，先端渐尖，

基部宽楔形，稀近圆形，边缘有粗锯齿，无芒，上面老时无毛，下面微被绒毛。叶柄长2～3厘米，有白色绒毛。伞形总状花序，有花10～15朵；总梗及花梗均被白色绒毛。萼筒外密被白色绒毛，萼片三角形，内外密被绒毛。花瓣白色。

果实近球形，小，直径0.5～1厘米，褐色，有淡色斑点，萼片脱落，味酸。花期4月，果期8—9月。

有木诗八首之四·杜梨

唐·白居易

有木名杜梨，阴森覆丘壑。心蠹已空朽①，根深尚盘薄②。狐媚言语巧，鸟妖声音恶。凭此为巢穴，往来互栖讬。四傍五六本③，枝叶相交错。借问因何生？

秋以吹子落。为长社坛下[4]，无人敢芟斫[5]。几度野火来，风回烧不着。

释义

①蠹（dù）：害虫啃食。②盘薄：盘屈牢固。③五六本：五六株。④社坛：社稷坛，祭祀土神谷神之所。⑤芟（shān）斫：砍伐。

作者简介

白居易：见前。

红　枣

枣，又称红枣、大枣。高大乔木，株高5～10米。树皮黑褐色，幼枝光滑，红褐色，呈“之”字形弯曲。托叶变成刺，直刺长2～3厘米，弯刺呈钩状。小枝簇生，复叶状，秋季整个脱落。

单叶，互生，长圆状卵形至卵状披针形，长2～6厘米，先端钝或微尖，基部圆楔形，偏斜，边缘有钝锯齿，3主脉，上面暗绿色，光滑，下面浅绿色，叶柄短。花黄绿色，很小，直径0.5～0.7厘米，2～5朵簇生于当年生小枝上或叶腋呈聚伞状。花瓣5枚，匙形或线状匙形。核果长圆形，暗红色，长 1.5 ~ 4 厘米，味甜。果核两端尖。花期 5—6 月，果期 9 月。木材坚硬致密，为制家具雕刻最好用料。

杏园中枣树（节选）

唐 · 白居易

君求悦目艳，不敢争桃李。
君若作大车，轮轴材须此。

作者简介

白居易：见前。

桂　花

桂树，又称木犀。又有丹桂、银桂两变种。常绿灌木或小乔木，株高可达10米。冬芽被二鳞片。叶对生，革质，具短柄，边缘有锯齿，椭圆形或长圆披针形，长5～12厘米，宽2.5～5厘米，先端急尖或渐尖，基部楔形。聚伞花序，簇生叶腋；花小，黄白色，长约6毫米，具浓香，花梗细弱，花冠4深裂，裂片长椭圆形。核果，长约1厘米，熟时紫黑色。花期9月，果期10月。桂花是秋天名贵观赏树。花可制高级香料，也可入药。桂花蜜是特级蜜，洞庭湖周边盛产。

公斋四咏·小桂

唐·皮日休

一子落天上[1]，生此青壁枝。欻从山之幽[2]，斸断云根移[3]。劲挺隐珪质[4]，盘珊缇油姿[5]。叶彩碧髓融，花状白毫蕤[6]。棱层立翠节[7]，偃蹇樛青螭[8]。影澹雪霁后，香泛风和时。吾祖在月窟[9]，孤贞能见贻。愿老君子地，不敢辞喧卑。

释义

①落天上：神话传说，月中有桂树。此句说，月中桂的籽落在地上才生出桂花树。②欻（xū）：迅疾。③斸(zhú)：挖；掘。④圭质：玉质。⑤盘珊：同“蹒跚”。指桂花树被风吹得摇摆。缇(tí)油：红色油布。⑥蕤：葳蕤，繁茂。⑦棱层：高耸。⑧偃蹇：高耸。樛（jiū）青螭（chī）：弯曲盘结如青龙。螭：无角的龙。⑨吾祖：以桂花身份言，月中桂是始祖。月窾（cuì）：同“月窟”，指极西之地。

作者简介

皮日休：见前。

芦 花

芦苇，又单称芦，又称苇子。多年生水生或湿生高大禾草。具粗壮的匍匐根状茎，秆高1～3米，直径1～4厘米。叶鞘圆筒形，叶舌有毛，叶片长15～45厘米，宽1～3.5厘米。圆锥花序顶生，疏散，长10～40厘米，稍下垂，花极小。花、实落尽，花轴上只剩下长长的白柔毛随风飘拂，这便是芦花。花果期在7—11月。

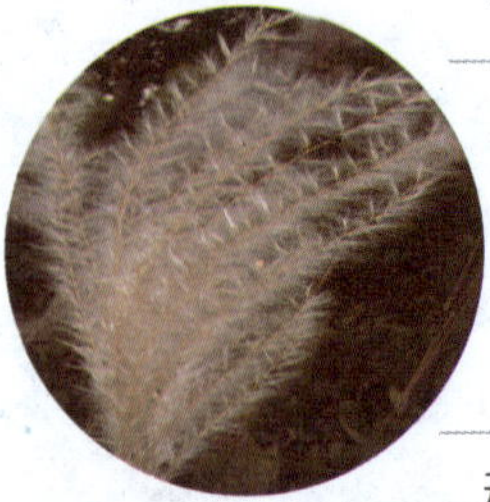

芦苇秆中空，是编芦席、苇帆和造纸原料，秆可作各种工艺品原料，芦根入药。

芦花

唐 · 罗邺

如练如霜干复轻①，西风处处拂江城。长垂钓叟看不足，暂泊王孙愁亦生②。好傍翠楼装月色③，枉随红叶舞秋声。最宜群鹭斜阳里，闲捕纤鳞傍尔行。

释义

①练：白绢。②王孙：泛指公子哥。③装月色：冒充月色。

作者简介

罗邺：见前。

白 术

术（zhú），又称白术。多年生草本。株高 50 ~ 60 厘米。根状茎块状。茎直立，上部分枝。叶有长柄，3 裂或羽状 5 深裂，裂片卵状披针形至披针形，长 5 ~ 8 厘米，

宽 1.5 ~ 3 厘米，顶端长渐尖，基部渐狭，边缘有贴伏的细刺齿，顶裂片大；茎上部叶狭披针形，不裂。头状花较大，长约 2.5 厘米，直径约 3.5 厘米，基部苞片叶状，长 3~5 厘米，羽状裂片刺状。总苞片约 5 ~ 7 层，外层短，最内层线形，伸长。管状花紫红色，长约 1.5 厘米。

瘦果，密生柔毛，冠毛长约1.3厘米，羽状，基部连合。花果期9—10月。另有苍术，花白色。根状茎药用，能健脾、燥湿、和中。

种术

唐·柳宗元

守闲事服饵[①]，采术东山阿[②]。东山幽且阴，疲苶烦经过[③]。戒徒劚灵根[④]，封植閟天和[⑤]。违尔涧底石，彻我庭中莎[⑥]。土膏滋玄液[⑦]，松露坠繁柯。南东自成亩[8]，缭绕纷相罗。晨步佳色媚，夜眠幽气多。离忧苟可怡[9]，孰能知其他？爨竹茹芳叶[10]，宁虑瘵与瘥[11]。留连树蕙辞[12]，婉娩采薇歌[13]。悟拙甘自足[14]，激情愧同波[15]。单豹且内理[16]，高门复如何？

释义

①服饵：吃食物。②东山阿（ē）：东山湾。③茶（nié）：疲弊。④斸（zhú）：挖；掘。⑤闷（bì）：指培土严实。⑥“违尔”二句：使你离开涧底石，我也除掉了庭中的杂草。⑦“土膏”句：指浇水。⑧“南东”句：指栽得整整齐齐。《诗经·小雅·信南山》：“畇畇原隰，曾孙田之。我疆我理，南东其亩。”畇畇（yún

yún）：形容已开垦的土地平坦整齐。曾孙：周人对祖先自称曾孙。田：耕种。亩：陇。周人称南北垄为南其亩，称东西垄为东其亩。⑨离忧：所遭受到的忧愁。⑩爨（cuàn）：烧。茹：吃。⑪瘵（zhài）：病，多指痨病。瘥（cuó）：病，疫病。⑫树蕙辞：树蕙，指种植香草。《楚辞·离骚》："余既滋兰之九畹兮，又树蕙之百亩。"树蕙辞即指这两句。⑬婉娩（wǎn）：委婉含蓄貌。采薇歌：殷末，孤竹君二子伯夷、叔齐，反对周武王伐纣，曾叩而谏。周灭殷而有天下后，他们"义不食周粟"，隐于首阳山，采薇蕨而食，及饥且死，作歌曰："登彼西山兮，采其薇矣，以暴易暴兮，不知其非矣。神农、虞、夏忽焉没兮，我安适归矣？于嗟徂兮，命之衰矣。"遂饿死于首阳山。⑭拙：指自己处世之方笨拙。⑮同波：比喻混同于流俗。⑯内理：内治，指管理自家内部的事。唐避高宗李治名讳，改"治"为"理"。

作者简介

柳宗元：见前。

红 叶

红叶，是槭树和枫树的叶。槭树，我国有百余种。主要特征是：叶对生，果具双翅。以长江流域及西南地区为多。（1）鸡爪槭，也称“鸡爪枫”，叶掌状5～7裂，

入秋变红，为观赏植物之一，园艺上品种颇多，见于我国东部和日本。（2）平基槭，也称“元宝枫”，叶掌状5裂，基部常截齐，见于我国北部。（3）三角枫，叶常3裂，见于我国中部、东部和日本。（4）白牛槭和三花槭均为复叶，有小叶三片，分布于我国东北和朝鲜。秋天到来，在绿树、黄叶

之中，一片一片的红叶，一棵一棵的枫树红叶，烂漫于绿树、黄叶之中，真是天赐之美。另有黄栌。

入灵隐寺看红叶同孟阳二首之一

明·谭元春

霜事日已多，深浅红相涉。早冬如晚春，灵山枫未怯。存者即为花，落者已如叶。高天照乱石，一片光明接。前殿与后阁[①]，俱为红所摄。依高同一望，万丈试目睫[②]。

释义

①前殿、后阁：指灵隐寺的前殿与后阁。灵隐寺：在杭州西湖。②万丈：指远处的红叶相距之远。

作者简介

谭元春（1586—1637）：明代文学家。字友夏，湖广竟陵（今湖北天门）人。天启间乡试第一。与钟惺同为“竟陵派”创始人。论文强调性灵，反对摹古，提倡幽深孤峭的风格。有《谭友夏合集》。

菊 花

又称秋菊。多年生草本。株高30～90厘米。茎直立，基部木质，多分枝，密被白色短柔毛，略带紫红色。现有独头菊，一茎一花，茎粗壮。叶有柄，卵形至披针形，长5～15厘米，宽3～4厘米，先端钝或锐尖，基部近心形或宽楔形。羽状深裂或浅裂，裂片长圆状卵形以至近圆形，边缘有缺刻或锯齿，上面深绿色，下面淡绿色，两面密被白色短毛；叶柄长或短，有沟槽。头状花，单生或数个集生于茎枝顶端，直径2.5～15厘米，因品种不同而差别很大；总包片3～4层，外层卵形或卵状披针形，绿色，边缘膜质；内层长椭圆形，边缘宽，褐色膜质，舌状花冠（花瓣）白色、黄色、浅红色、淡紫色至紫红色。古代只有黄色，现今培育出各种色。中心不是花蕊，是管状花，黄色。或因培育变态而全为舌状花。瘦果，一般不发育。花期9—10月。北京菊花开至11月中下旬霜冻。

赋得秋菊有佳色

唐·公乘亿

陶令篱边菊[①]，秋来色转佳。翠攒千片叶，金剪一枝花。蕊逐蜂须乱，英随蝶翅斜[②]。带香飘绿绮[③]，和酒上乌纱[④]。散漫摇霜彩，娇妍漏日华。芳菲彭泽见，更称在谁家？

释义

①“陶令”句：晋宋易代之际的陶渊明，曾做彭泽县令，“在官八十余日”。陶渊明《饮酒》诗之五：“采菊东篱下，悠然见南山。”②英：指花瓣。绿绮：绿绸；

绿缎。④和酒：用菊花泡酒，称“菊花酒”。上：戴上。乌纱：乌纱巾，唐代官员用乌纱包头，也称唐巾。此句说，要饮菊花酒，得用乌纱包上头，庄重点。

作者简介

公乘亿：字寿仙，晚唐魏州（今河北大名）人。咸通末，登进士第，为魏博节度使乐彦祯从事，加授侍郎。今存诗四首。

橘 柚

橘，常绿小乔木或灌木，株高3～4米。叶互生，单生复叶，叶片披针形或椭圆形，较厚，长4～11厘米，宽1.5～4厘米，先端渐尖，全缘或具波状钝锯齿，具半透明油点。花单生或数朵生于枝端和叶腋，白色或带淡红色；花萼杯状，花5瓣，长椭圆形。

柑果近圆形或扁圆形，红色、朱红色、黄色或橙黄色，囊瓣7～12。花期3—4月，果期10—12月。果皮入药，称陈皮。

柚，常绿乔木，株高5～10

米。小枝扁，幼枝、新叶被短柔毛。单生复叶互生，长椭圆形、卵状椭圆形或阔卵形，长 6.5 ~ 16.5 厘米，宽 4.5 ~ 8 厘米，边缘浅波状，叶翅倒心形，花单生或为总状花序，花瓣白色。柑果梨形、倒卵形或圆形，直径 10 ~ 15 厘米，柠檬黄色，油室大，瓤囊 10 ~ 18 瓣。花期 4—5 月，果熟 9—11 月。

南中荣橘柚

唐·柳宗元

橘柚怀贞质，受命此炎方[1]。密林耀朱绿，晚岁有余芳。殊风限清汉[2]，飞雪滞故乡。攀条何所叹，北望熊与湘[3]。

释义

①受命此炎方：桔橘生在亚热带的广东、广西、福建、浙江等省。古人早已认识到“桔逾淮则为枳”。②清汉：银河。比喻淮河。③熊与湘：熊，古州名。湘，湘江，皆柳宗元所在的柳州北。

作者简介

柳宗元：见前。

芭蕉

芭蕉，多年生丛生草本。株高2.5 ~ 4米。叶片大，长圆形，主叶脉和侧脉明显，先端钝，基部圆形或不对称，叶柄粗壮。花序顶生，下垂，苞片红褐色或紫色，雄花生于花序上部，雌花生于花序下部。合生花被片具5（3+2）齿，离生花被片几与合生花被片等长，顶端具小尖头。浆果似香蕉，圆柱形，略弯曲，比香蕉小，也不像香蕉那么甜。花果期8—10月。

芭蕉

唐·杜牧

芭蕉为雨移，故向窗前种。怜渠点滴声[①]，留得归乡梦。梦远莫归乡，觉来一翻动[②]。

释义

①怜：爱。点滴声：雨打芭蕉。是古代传统乐曲。②翻动：翻身。

作者简介

杜牧：见前。

橄　榄

常绿高大乔木，株高 10 ~ 20 米。羽状复叶互生，小叶 3 ~ 6 对，对生，革质，长圆状披针形，长 6 ~ 19 厘米，宽 3 ~ 8 厘米，先端渐尖，下面网脉上有小窝点。圆锥花序顶生或腋生，花小，两性或杂性，花瓣 3 ~ 5 枚，白色，芳香。核果纺锤形，长约 3 厘米，青黄色。花期 4—5 月，果期 8—10 月。果入药，称青果。有清热解毒之功效。

橄榄

清·周亮工

海天亲见碧琅玕[①]，致此同悲驿路难。不为倒餐知有蔗[②]，应从逆口识如兰。红颜独爱南威蜜[③]，白腊遥逢北地寒[④]。自是圣朝容诤士[⑤]，争驰谏果入长安[⑥]。

释义

①碧琅玕：翠绿色宝石，比喻橄榄。②倒餐：甘蔗根部比梢甜，一般都从根吃起。《晋书·顾恺之传》："恺之每食甘蔗，恒自尾至本，人或怪之，云：'渐入佳境。'"意谓从上往下吃，越吃越甜。③南威：本是春秋时晋国

的美女。这里是橄榄的别名。④白腊：即白蜡。精制的蜂蜡，可入药，亦用制作蜡烛。⑤诤士：直言谏诤之士。⑥谏果：橄榄别名。

作者简介

周亮工（1612—1672）：明末清初人，字元亮，号栎园，河南祥符（今开封市）人。明崇祯进士，授监察御史。仕清后曾在福建镇压抗清军。任户部右侍郎等职。曾被弹劾下狱。著有《赖古堂集》、笔记《因树屋书影》等。

枇 杷

枇杷，常绿小乔木，株高10米。小枝黄褐色，密生锈色或灰棕色绒毛。叶片革质，披针形、倒卵形或椭圆状长圆形，长10 ~ 30厘米，宽3 ~ 9厘米。

叶脉明显，先端急尖或渐尖，基部楔形或渐狭成叶柄，边缘上部有疏生锯齿，基部全缘；上面光滑，有皱纹；下面密生棕色绒毛；叶无柄或近无柄，有灰色绒毛。顶生圆锥花序，具多花，总梗及花梗密生锈色绒毛。花直径1.2 ~ 2厘米，萼筒浅杯状，花瓣白色。果实

⑪左降：贬官。通州：唐通州，治所在石城县（今四川达县）。⑫磻（pán）溪：在今陕西省宝鸡市东南。传说吕尚（又称姜子牙、姜太公）青年时不肯为纣王做官，听说西周君贤能，就到西周磻溪隐居，以钓鱼为生。再后来，周文王梦遇贤臣，终于访到他，拜为相。

作者简介

元稹：见前。

释义

①殷（yān）：深红色。按：今之枇杷花白色，唐元稹所见殷红色，不知何种。②传（zhuàn）：传车，驿站的车马。③“紧缚”句：用美女比喻将开的花骨朵。④绛(jiàng)囊：红色绢囊，比喻花骨朵在开放。⑤金线：比喻黄色的花蕊。⑥珊瑚朵：比喻花朵。珊瑚以红色为贵，但白色居多。这里似指白花朵。⑦亚水：应是“压水”。意为枇杷在水边。⑧绿珠：西晋石崇将军的妾，善笛、善歌舞。孙秀要绿珠，石崇不给，便诬陷石崇，石崇被下狱，石崇谓绿珠：“我今为尔得罪。”绿珠闻之，跳楼而死。此句以绿珠比枇杷花。⑨“汉武”句：《汉书》载：汉武帝李夫人早卒，武帝思念不已，方士齐人少翁说，能使李夫人魂魄归来。于是夜设灯烛，设帷帐，陈酒肉，令武帝在帷帐中，不许出来。一会儿，远远望见一美女如李夫人飘飘而过，武帝不能到跟前看仔细，只能在帷帐中，坐立不安，就越发思念悲惋。⑩乐天：白居易的字。

槟 榔

槟榔，又称榔玉、宾门、青仔。常绿高大乔木，高达 17 米或更高，干直立，不分枝。叶长 1.3 ~ 2 米，羽状全裂，裂片线形或线状披针形，长 30 ~ 70 厘米，先端呈不规则分裂，“风至独动，似举羽扇之扫天”。柄呈三棱形，具长叶鞘。树干略近白色，光滑，下部叶脱落，留有众多的环形痕。花两性同株，肉穗花序生于上部叶束下，多分枝，呈圆锥形，“叶下系数房，房缀数十实，实大如桃李，味苦涩”。种子入药。花期 3—8 月，果期 11 月—翌年 5 月。

咏槟榔

宋·苏轼

异味谁栽向海滨，亭亭直干乱枝分。开花树杪翻青箨[①]，结子苞中皱锦纹。可疗饥怀香自吐，能消瘴疠暖如熏[②]。堆盘何物堪为偶，蒌叶清新卷翠云[③]。

释义

①树杪(miǎo)：树梢。青簝：绿色的花萼。②瘴疠：瘴气。指两广南部、西南部地区山林间温热蒸腾的能致病的热气。熏：熏花，香草名。一名蕙草。③蒌叶：蒌蒿的叶。蒌蒿，生水中，嫩芽嫩叶可食。相传吃槟榔必就着白灰蒌蒿叶。

作者简介

苏轼：见前。